BERTOLT BR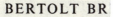

LEBEN DES
GALILEI

SECOND EDITION

Edited by

H. F. BROOKES, B.A.

and

C. E. FRAENKEL, Dr.phil., L. ès L.

HEINEMANN EDUCATIONAL BOOKS

LONDON

Heinemann Educational Books Ltd.
22 Bedford Square, London WC1B 3HH
LONDON EDINBURGH MELBOURNE AUCKLAND HONG KONG
SINGAPORE KUALA LUMPUR NEW DELHI IBADAN NAIROBI
JOHANNESBURG KINGSTON EXETER (NH) PORT OF SPAIN

ISBN 0 435 38123 7

FIRST PUBLISHED 1958
REPRINTED 1962, 1963, 1964, 1968, 1969, 1970, 1975, 1977, 1978
SECOND EDITION 1981

This edition is published by kind permission of Suhrkamp Verlag,
Frankfurt am Main.

Printed and bound in Great Britain by
Spottiswoode Ballantyne Ltd.
Colchester and London

CONTENTS

INTRODUCTION

A SHORT BIOGRAPHY OF THE AUTHOR

In Augsburg

> "Ich, Bertolt Brecht, bin aus den schwarzen Wäldern.
> Meine Mutter trug mich in die Städte hinein
> Als ich in ihrem Leibe lag. Und die Kälte der Wälder
> Wird in mir bis zu meinem Absterben sein."

Thus Brecht described his origins in a poem, "Vom armen B.B.",
written in 1922. He was referring to the Black Forest where his
mother came from; he was born in the town of Augsburg.
Although he was a town-dweller for much of his life, he had a
strong feeling for nature, especially for woods and trees. They
gave him a sense of tranquillity even during his difficult
years in exile and afterwards during the exhaustingly busy years
in East Berlin. He could escape then from the pressures in that
city to his country cottage at Buckow with its lake and woods.
His letters, poems and diaries give evidence of the importance of
natural surroundings to him.

> "Am See, tief zwischen Tann und Silberpappel
> Beschirmt von Mauer und Gesträuch ein Garten
> So weise angelegt mit monatlichen Blumen
> Daß er vom März bis zum Oktober blüht.
> Hier, in der Früh, nicht allzu häufig, sitz ich
> Und wünsche mir, auch ich mög allezeit
> In den verschiedenen Wettern, guten, schlechten
> Dies oder jenes Angenehme zeigen."
> (from the *Buckower Elegien*, "Der Blumengarten", 1953)

In 1898 when Brecht was born, Augsburg was a small
pleasant provincial town. It is situated on the river Lech, a
tributary of the Danube. It is in the region called Swabia and in
Brecht's youth was within the kingdom of Bavaria. Brecht had

certain Swabian characteristics of speech and appearance. His father was an employee of a papermill who made good, eventually becoming a director of the firm. Brecht was therefore in touch from an early age with industrial life; it is said that he acquired a technical knowledge of the qualities of wood, for example, which he used later when stage sets were being designed for his theatre productions.

Since his death in 1956 much has gradually emerged about Brecht's early life in Augsburg. Researchers and friends have contributed the facts; he himself did not write a detailed account of his childhood, nor did he ever make public his personal feelings in interviews or the like, but he recorded his working life and experiences in the minutest detail in his private diaries and work-books. As a child he grew up in perfectly ordinary family circumstances. He had a younger brother, Walter, who became a professor of technology. The brothers were not close but Walter did visit Bert in exile in Denmark, so to that extent they kept in touch. (Incidentally, "Bert" was christened "Eugen Berthold" and was called Eugen when a child. Later he was known as Bert, then also Bertolt; the change of spelling had led to some slight confusion.) Brecht was first sent to a Protestant Church school—his mother was Protestant and his father Catholic; it is said that he learnt the language of Luther's Bible at this school. It remained with him all his life and can be discerned in some of his writings. He went on to secondary school at the Augsburg Realgymnasium, a grammar school where the curriculum was not as strictly classical as in the old-style "Humanistische Gymnasium"; there was more emphasis on the natural sciences.

Brecht was growing up in troubled times. He was sixteen when World War I broke out in 1914. At first he was an enthusiastic supporter of the fatherland, writing patriotic poems which were published in local newspapers. But by 1916 his eyes had been opened to what was happening to the soldiers on the battlefront. At school an essay in German was set on the theme of the quotation from Horace "Dulce et decorum est pro patria mori". Brecht's essay left no doubt of the depth of his feelings about the war. To say that it is sweet and honourable to die for one's country is propaganda, he wrote. To depart this life is hard, whether you die in bed or on the battlefield. This is especially so for the young. In expressing such sentiments Brecht was not conforming with accepted attitudes. He barely escaped being expelled from school.

By 1917 most of his classmates had volunteered to go to the front before they would normally have been called up. Brecht had a weak heart and thus was exempt from active service. It was perhaps as well; he wrote to his friend Caspar Neher that he would thwart an offensive if he were sent to the battlefront. Instead he took a wartime emergency matriculation exam and went to the University of Munich. He attended lectures on literary, philosophical and scientific subjects and did some practical work in the science laboratories. The traditional roistering students' life did not appeal to him. He much preferred to spend his week-ends at home with his Augsburg friends. The company of his girlfriends there was doubtless very attractive. In October 1918 he was finally called up and after a short military training was posted as a medical orderly to a temporary military hospital in Augsburg. War service made no great demands on him. He lived at home and the attic room in his parents' house continued to be his chief abode, apart from two visits to Berlin, until 1922 when his absences became more prolonged.

Brecht's Augsburg years were bursting with activity. School may not have provided much stimulus but there were books to read, relationships with friends, discussion and, just simply, maturing—all this against the background of the war, the defeat of Germany and then its post-war political upheavals. Far from depressing the young at that time, it gave a certain zest to life. The old order was finished. Anything new was worth exploring. In November 1918 the Kaiser had abdicated, the Armistice had been signed and Germany had become a republic. The new constitution was proclaimed in the town of Weimar in 1919, hence the name "the Weimar Republic". It was anything but a settled time. The ruling Social-Democrat party put down uprisings both from the politically extreme Left and from the

Right. Hitler's right-wing Fascist party, the National Socialist Party, was established in Munich in 1920. During these post-war years inflation was increasing to the point of hyper-inflation when money became worthless. The German economy finally broke down in 1923. All these events did not seem to affect Brecht much at the time although they were to shape his whole life eventually. The attic room was almost a "commune" where he wrote creatively and received the co-operation and criticism of his friends. This pattern of co-operative work lasted throughout his life: he must have had a gift for making friends, some for work, some for play and some in a dual role. In 1919 he had a son, Frank, by Paula Banholzer, the attractive daughter of an Augsburg doctor. He legally acknowledged paternity, had a lasting affection for Paula but resisted marrying her. He was afraid that bourgeois family life would trammel his creative work. Brecht wrote with great honesty in his diaries. An entry in February 1921 runs: "... ich kann nicht heiraten. Ich muß Ellbögen frei haben, spucken können, wie mirs beliebt, allein schlafen, skrupellos sein." In 1919 he had met and fallen in love with an opera singer, Marianne Zoff. By March 1921 the diary entry runs: "Ich lebe luxuriös mit der schönsten Frau Augsburgs, schreibe Filme." Three weeks later: "Ich bin's müde. Die Affären verbrauchen mich.... Was soll ich mit der schwangeren Frau? Ich habe Lust, gut zu ihr zu sein.... Zeitweise fühle ich gar nichts zu dieser Frau, Bi [Paula] steht mir immer näher...." And Brecht was also worried about not earning much money. He was, after all, a little-known writer. However, in November 1922 Brecht and Marianne were married. The following March a daughter, Hanne, was born. The relationship was unlikely to last, especially since Brecht had met the actress Helene Weigel. She was a woman of forceful character; hospitable, a good cook and more of an intellectual match for Brecht. Their son Stefan was born in 1924; Marianne and Brecht were divorced in 1927 and Brecht married Helene Weigel in 1929. They had another child, Barbara. Three things should be noted: the first, that the relationship with Helene Weigel was enduring, whatever other affairs Brecht may have had; second, that Brecht was very fond of his children; and third, that although something of his personal life needs to be understood because it obviously mattered to him, not too much should be made of it. His career as a writer mattered more.

Before he left school he had already written a good deal of verse and lyrics to songs which he played on the guitar. In 1918 he worked on the first version of a play called *Baal* and in 1919 on another first version, of *Trommeln in der Nacht*. The background to *Trommeln* is left-wing uprisings but the plot and the characters are only superficially influenced by political events. Brecht was not yet sufficiently politicized or socially conscious to write explicitly didactic plays. For the time being his concern was to find a publisher and a stage for his plays. He had contacts with theatrical circles in Munich and was attracting growing recognition as a promising dramatist for he had won the Kleist Prize in 1922 for *Trommeln in der Nacht*. He realized that he must go to Berlin to explore its greater possibilities. He finally moved to the capital in 1924.

In Berlin

Brecht had prepared for the move during the previous visits by getting to know influential and like-minded people in the theatre. If some of his old friends joined him and his new ones in Berlin, there would be a congenial group ever ready to welcome him. Such cautious preparations became a characteristic exercise throughout his life. It proved vital during his years in exile; however sudden his departure had to be from one country, there were always friends who had prepared for his arrival in the next and who gave him help with visas, money and accommodation. A close friend from Augsburg who came to Berlin was Caspar Neher; Brecht and he had been to school together. "Cas" was a gifted painter and designer. The two were good companions and worked well together. A number of Brecht's important stage productions were designed by Neher.

Among his new Berlin friends was Elisabeth Hauptmann who worked with Brecht throughout his life and then looked after his papers upon his death. She typed, translated, discussed and edited. Brecht always had collaborators—"Mitarbeiter" and "Mitarbeiterinnen"—who worked with him on his plays. Hanns Eisler who wrote the music for some of Brecht's great successes said that Brecht was avid for their ideas; at home and at rehearsals it was like a "collective" where all present, including the stage-hands, contributed on all aspects of the production. Another new friend was the writer Arnolt Bronnen. He remained in Germany during the whole Hitler period when Brecht and many other friends were exiles. But after the war Brecht immediately renewed contact with Bronnen without showing any sign of resentment, only understanding and loyalty to a friend.

Although these young people were mostly poor at the outset of their careers, they managed to have a good time in the Berlin of the 20s. Brecht enjoyed watching boxing-matches, going to the cinema, cabarets and cafés, visiting pubs with prostitutes and their pimps, taking part in the exciting pleasures which the big city offered. He liked the working-class districts which were in any case cheaper to live in. He adopted a style of dress and appearance which suited him and his surroundings, a style in imitation of a workman with his hair cut short and brushed forward, his flat leather cap and leather jacket, his wire spectacles. He wore this "uniform" to the end. But life was not all fun. Brecht, like his friends, had a career to make. He had to be very resourceful and energetic to get his work accepted by theatre directors. The award of the Kleist Prize had helped his standing but it was not until 1928 that he had a smash-hit, with *The Threepenny Opera*. It was put on at the "Theater am Schiffbauerdamm" where more than 20 years later he was to establish his own company, the Berliner Ensemble.

Brecht's early plays reflect the rejection by him and many young people of the stuffiness of German society and of the "middle-class morality" which Eliza's father, the dustman in Shaw's *Pygmalion*, so eloquently said he could not afford. The plays celebrate the intuitive response to all kinds of natural urges, a kind of "eat, drink and be merry" philosophy of life. But increasingly a serious note is struck. There is a growing concern for social justice and faith in mankind's ability to achieve it. Brecht was maturing politically. It was not enough to have sympathy for the underdog and to be vaguely anti-bourgeois. He began to read Karl Marx. Many intellectuals in the Weimar Republic did the same. They felt the need to openly acknowledge solidarity with left-wing political parties and the working class. Stephen Spender spent some time in Berlin in the 20s, as did his friends Isherwood and Auden. In his autobiography *World within World* Spender wrote: "Nearly all the German intellectuals whom we knew accepted and practised a kind of orthodoxy of the Left." He too "pitied the unemployed, deplored social injustices, wished for peace, and held socialist views." Brecht worked out his own brand of Marxism to give a rational structure to his sympathies. His contribution to the improvement of the lot of mankind would be to write didactic plays about why and how society must be changed—the "Lehrstücke".

The faith of the intellectuals that their political solidarity with the Left would raise the condition of the working classes was to be rudely shattered by events. The rise of the National Socialist (Hitler's) Party had increased alarmingly by 1930. In 1933 the Nazis gained political control (by whatever means) at the polls. On 19 January Hitler became Chancellor. On 27 February the Reichstag was burnt down and the brutal attacks on Jews began. On 28 February Brecht and Helene Weigel left Germany for Vienna via Prague. The years of exile had begun.

Exile

To delay departure would have risked arrest—Brecht was too well-known for his pro-Communist views and Helene Weigel came from a Jewish family. Her relatives gave them temporary hospitality in Vienna while the couple sought entry permits to other countries, looked up former friends, and renewed useful contacts. Switzerland was an obvious choice of country to settle in but the two new refugees soon realized that it would not do. In the first place, the cost of living was too high, and in the second, life in a colony of fellow refugees would be ineffectual. Discussion of politics, literature and philosophy might be stimulating for a time but as more and more refugees came out of Germany they would go over the same wearisome ground again and it would all lead nowhere. So Brecht and Helene Weigel accepted the invitation of a Danish writer, Karin Michaelis, to go to Denmark. She arranged the purchase of a fisherman's house on an island in the country district of Svendborg. The Brechts made their home there with their two children from 1933 to 1939. Stefan had accompanied his parents on the original flight to Vienna, and Barbara, who was at that time staying with her grandparents, was smuggled out of Germany by a British social worker. Brecht's son, Frank Banholzer, remained with his mother, Paula; he was called up for military service in 1939 and was killed in action in 1943. Daughter Hanne also remained in Germany with her mother, Marianne Zoff, and her stepfather. However, she never lost touch with her father. In the event she became an actress.

Given that exile was an inevitable deprivation, life in Svendborg was pleasant. They could enjoy the woods, the countryside and, in summer, the swimming. Brecht could work in peace, with the welcome interruptions of his postal correspondence and also visits from family and friends because Germans who were not Jewish, such as his father and brother, were permitted to travel abroad. The household also included one or more "Mitarbeiterinnen". It was joined by Margarete Steffin, a Berlin working-class active Communist whom Brecht had met in the early 30s. She followed him in exile until she died in Moscow on their way to the USA in 1941. Brecht was very attached to her and felt her loss deeply. Ruth Berlau, a Copenhagen actress, was another "Mitarbeiterin". She translated his plays into Danish. She too joined the refugee collective and followed wherever it went, even when it landed back in Berlin after the war. She helped with productions in the theatre.

There were other colleagues too who were not necessarily members of the household—Caspar Neher, the designer, Kurt Weill, Hanns Eisler and Paul Dessau, the composers. A remarkable thing about Brecht was that he did not lose his ability to lead a group of creative artists during the depressing years of exile, indeed, he developed it. Nor did his talent as a writer wither. The great plays of the period of exile in Europe were written at speed. One reason may be that Brecht had no German stage on which to produce his plays so he was not able to correct them as he went along. He re-wrote passages later at the time of specific new productions and this accounts for the many different versions of, for example, *Leben des Galilei* now extant. Another stimulus to writing new plays was the potential boredom of life in exile. As Hanns Eisler said in an interview in 1958, "... Was soll ich denn ab 8 Uhr früh machen in der Emigration außer komponieren? ... Der Brecht and ich haben auch produziert, um der Langeweile zu entgehen." But there came times at which creative work had to give way to events. Hitler's invasion of Poland in 1939 brought on the outbreak of World War II. Denmark with its German frontier was no longer a safe haven for refugees. The Brecht household made for Sweden where, once again, a house had been found for them. Hitler's armies continued their successful invasions so that Sweden, though neutral, was too close to them for comfort. Brecht moved on to Finland.

In spite of feeling unsettled and harassed—"Gingen wir doch öfter als die Schuhe die Länder wechselnd"—life in exile cannot have been totally grim. The Swedish house was in the country, which both Brecht and Helene Weigel loved: "Das Haus ist ideal.... Von 2 Seiten geht Tannenwald heran." In Finland it was "eine Villa zwischen schönen Birken.... Wind in den Bäumen, Rascheln des Grases, das Gezwitcher", though the "villa" was actually a farmhouse with rather primitive amenities. There was a food shortage. Helene Weigel had to expend even more physical energy to keep the household going. Brecht himself felt the effects of wartime rationing when the supply of his "raw materials for the production process", cigars and English language detective-stories, dwindled. (It is said that he used to read one a day.) All the time he was following the course of the war in newspapers and on the radio. In September 1940 there is an entry in Brecht's "Arbeitsjournal": "It would be incredibly difficult to express the state of mind in which I follow the Battle

of Britain on the radio and in the rotten Finnish–Swedish press
and then write *Puntila* [the play he was currently working on].
... *Puntila* scarcely concerns me, the war does totally. I can
write almost everything about *Puntila* but nothing about the
war.... It is interesting to note how far removed the practice of
literature is from the centre of the events which are determining
everything." He made a collection of newspaper cuttings,
photographs which he later used in a book, *Kriegsfibel*—"War
Primer"—published in 1955. As he kept abreast of the news he
felt that "with every report of a (German) victory I lose
importance as a writer." He had gradually given up hope that his
exile would be short. By early 1941 it appeared necessary to
leave Europe and in May entry-visas for the USA were granted,
the household packed up and a month later had reached
California via Leningrad, Moscow and the Trans-Siberian
Railway.

Exile in the USA

Friends had rented a house in Hollywood for the new arrivals.
Brecht could not stand it: he called it a "Schauhaus des easy
going. Das Haus ist zu hübsch, mein Beruf ist hier Goldgräber-
tum." A month later he moved to nearby Santa Monica. It was
an improvement but Brecht never felt at ease during all the
six years he spent in America. Money was the measure of
everything in the USA, in his opinion, and people were
everlastingly scrambling to get more of it. Brecht had to earn his
living by the only means he knew, by writing. He hoped to
interest Hollywood film directors in his plays but from their
point of view his plays were not an obvious commercial
proposition so he had no success. He did obtain contracts to
write film scripts but his authorship was not acknowledged in the
films and he felt degraded as a writer. There were few
consolations. "Merkwürdig, ich kann in diesem Klima nicht
atmen. Die Luft ist völlig geruchlos, morgen und abends gleich,
im Haus wie im Garten." Plants seemed to him like the twigs
that as children they had stuck into sand; their leaves were
drooping ten minutes later unless they were artificially watered.

Brecht may have suffered more than anything from his sense of isolation in America. He wrote that, in comparison with Hollywood, Svendborg (on a Danish island) was a world centre. It was not physical isolation from which he suffered. He was surrounded by German refugees, many of whom were good friends and colleagues. There was Fritz Lang, the director with whom he worked on scripts, actors like Oskar Homolka and Peter Lorre, the novelist Lion Feuchtwanger who had admired Brecht's work and encouraged him since 1920. Hanns Eisler too had gone to the USA, in 1938, earlier than Brecht. He made an adequate living and did not scruple to enjoy social life in a capitalist country in spite of his strong left-wing views. He tried to persuade his friend to moderate his dislike of the ethos of American society, without success.

When Brecht paid some longer visits to New York he felt somewhat more at home than in California. The people he knew in New York, many from his Berlin days, were politically more aware; discussions continued as in the old days. Colleagues such as Elisabeth Hauptmann and Ruth Berlau were in New York. Brecht appreciated the attractions of a big city in which one could easily go to ground. He had learnt that a refugee had better keep quiet and unnoticed although this did not apply to trying to make his name as a writer. In Hitler's Germany his works had been burnt on bonfires, withdrawn from libraries and banned. The only German speaking country in the free world was Switzerland, so the Swiss stage was the only natural outlet for his plays in the original. The first performance in German of the plays written in Danish exile—*Mutter Courage* and *Leben des Galilei*—were given in Zürich, in 1941 and 1943 respectively. As soon as Brecht was sure that he would leave Europe for the USA, he had sent on ahead a copy of *Leben des Galilei* in English translation, to prepare the ground for a possible production. Eventually he met the well-known actor, Charles Laughton. He was interested in the play and together the two men prepared a new translation, partly altering the original when the projected stage performance required it (see Introduction p. xxvi). But on the whole in America Brecht's creative impetus slowed down. His last major play, *Der kaukasische Kreidekreis*, was written in 1944–5.

Whilst work with Laughton on *Galileo* was proceeding, the war was in its final phase. Japan's attack on the US fleet base at Pearl Harbour in December 1941 had brought the USA into the active fighting and made eventual Allied victory virtually certain. In May 1945 Germany surrendered. Hitler, "the housepainter" as Brecht always referred to him, made his last stand in his Berlin bunker headquarters and then was no more. The Third Reich collapsed. Brecht stayed in America for another two years. He watched developments before deciding whether to return to Germany and if so, to which part. The defeated country had been divided into four zones, each occupied and administered by one of the Allies, Britain, France, the USA and the USSR. Having been deprived of his German citizenship by Hitler, Brecht was technically "stateless". He applied for American travel documents which were valid throughout Europe and the four zones of Germany. He was ready to leave but postponed his departure too long. In September 1947 he was summoned to appear in Washington before the Un-American Activities Committee which was dominated by Senator Joseph McCarthy. McCarthyism became a word used to denote the crude investigation of alleged Communists, left-wingers and intellectuals where little if any supporting evidence was produced by the committee but plenty of smears, half-truths and leading questions arose during the public hearings. This Congressional Committee turned its attention to people in Hollywood known for their left-wing opinions. Hanns Eisler, and, among other actors, Charlie Chaplin for whom Brecht always had a particular affection and admiration, appeared before the Committee. Eisler was an avowed Communist: he was prevented from leaving the USA until 1948 when he was expelled. During his own hearing Brecht showed that he was a man of the theatre. He had prepared responses to the probable questions. He often answered with a straight "No", spoke with a thick German accent (difficult to understand), acted the slightly confused and rather simple type of man, disappeared behind his smoke-screen of cigar smoke and denied having been a member of the Communist Party. He was allowed to go, which he did, leaving for Europe by air next day. He had booked his flight to Paris beforehand. He had acted as shrewdly as ever.

Return to Europe

Brecht moved on to Zürich where he reviewed his two major problems. The most important was to find a theatre where he could be sure of staging his plays. There were possibilities in Vienna, Salzburg and East Berlin. He considered them. The passport problem had also to be considered. He and Helene Weigel were still stateless. For greater freedom of movement they needed more than their American travel papers. An East German passport, if they applied for one in the Soviet Zone, might limit their future travels because visas might be difficult to obtain for some countries. So it was decided to apply for an Austrian passport for Helene Weigel since she had been born in Vienna. Brecht could then file an application on his own behalf as her husband and as someone well known in Austria. The scheme worked, though slowly. As another security measure in case of trouble in the future, Brecht arranged for the royalties from his publications to be handled by the West German publisher, Suhrkamp.

It was almost a year before Brecht made up his mind to accept the invitation to work as a guest director with the Deutsches Theater in East Berlin. In October 1948 he returned to Berlin, to the German Democratic Republic, to a warm welcome, not only from officialdom. There were still difficulties over the details of the contract. In the end Helene Weigel was appointed manager of the stage company and Brecht was to direct and write for it. On 11 January 1949, *Mutter Courage* opened with Helene Weigel in the title role. The production was an immense success. Brecht was now encouraged to build up his own company which was named the Berliner Ensemble. It shared the Deutsches Theater until in 1954 the company was established in its own "Theater am Schiffbauerdamm", the theatre of the original *Dreigroschenoper* production. Helene

Weigel and Brecht had each received official acknowledgement with the award of an East German National Prize. He also received a Stalin Prize in Moscow in 1955, awarded for services to furthering peace and understanding between nations—a Russian counterpart to a Nobel Peace Prize. But Brecht's relationship with the East German authorities was always somewhat equivocal. Nothing must be done on his part to upset the work of the Berliner Ensemble, a state theatre company. On the other hand Brecht was no lover of hierarchies such as a Communist state must be. In June 1953 the workers on building sites in the Stalin Allee in East Berlin went on strike against the raising of the norms of productivity expected of them. There were strikes and demonstrations in other East German towns too. It was an uprising which neither the German Communist government nor their Russian overlords could permit. It was crushed by Soviet tanks. Should Brecht have protested? Should he have come out publicly on the side of the workers? Many people expected him to do so. He sent a letter to the Central Committee of the ruling party, the Sozialistische Einheitspartei Deutschlands. Only the last sentence of this letter was published in the Party newspaper. The implication is that the rest of the letter was either too ambiguous or too dangerous to publish. The last sentence however declared Brecht's loyalty to the Party. That was enough to preserve his reputation with the East German authorities but to destroy it in the eyes of many people in the West.

There is little doubt that the division of loyalty between the workers and the state must have distressed Brecht. If he had not had his country retreat at Buckow and the pleasure of exercising his professional skills in the theatre, the return to Europe and post-war Germany might have been depressing indeed. But for the first time in his life Brecht had his own theatre and freedom from financial worries. He could take weeks, even months, to rehearse his productions. All concerned in the Berliner Ensemble worked extremely hard. Brecht was now at the height of his fame as a director. Many visitors came to his theatre in East Berlin and the company also went on tour abroad. Brecht had no time, and possibly no urge, to write major works; but poetry remained the means of expressing his private thoughts, some of it unpublished and unpublishable at that time. His energy as a writer for the theatre went into adaptation and re-writing. He could not have managed without the faithful band of close "Mitarbeiter" and the wider circle of the "Workers' Collective" in the theatre. Nevertheless the strain was considerable. In the first months of 1956 he was rehearsing *Leben des Galilei* when he fell ill with a virus infection and could not continue. He was not completely restored to health by the summer when he was again rehearsing the company in preparation for their September season in London. Before he could receive further treatment he suffered a heart attack and died on 14 August 1956. The Berliner Ensemble with Helene Weigel had an outstanding success in London.

Brecht left instructions that there were to be no speeches at his funeral. As he wished, he was buried in the old cemetery next to his Berlin home.

THE WRITER AND HIS WORK

After Brecht's death the Berliner Ensemble continued to operate as the collective it had always been. Brecht's method had been to question whatever was produced with a view to improvement. He had treasured a Chinese scroll depicting a seated man deep in thought; it was called "The Doubter". Brecht had the scroll with him throughout his years in exile. It now hangs in the bedroom of his last home in Berlin. "The Doubter" reminded him that everything in life needed to be re-examined, not least his own work. In the theatre constructive criticism was welcome from all members of the collective; the whole team was involved with any new production well before active rehearsal began. A passing remark by a workman would be as seriously considered by Brecht as the opinion of an established actor. The principle of re-examination applied to revision of Brecht's writing. He carried it through to the proof stage of his publications when his many alterations increased the cost of production and the editorial

work to such an extent that even the devoted Elisabeth
Hauptmann had cause to protest.

Brecht was a writer in many forms, not only a playwright
who succeeded in making his theatre a place for practical
"laboratory" work. His poetry is now more highly regarded by
some critics than his plays. His lyric poetry, springing from
personal experience, has qualities of greatness that are not
necessarily to be found in the many poems written for public
occasions, especially in the years in East Berlin when Brecht felt
obliged to contribute to the support and celebration of the
régime. Another side to Brecht the writer is shown in the
collection of *Geschichten vom Herrn Keuner*, witty, often
epigrammatic tales which make the reader laugh—and give him
pause for thought. There are also Brecht's theoretical works
concerning the theatre in the diverse list of his writings: in
various official documents his profession is rightly denoted
simply as "Schriftsteller".

THE PLAYS

Brecht's dramatic works fall roughly into four phases, cor-
responding to his personal experiences and to the social and
political developments of the times. "If the first phase is cynical
and brilliant and very much of the Twenties, the second is stark
and solemn and very much of the Thirties. If the works
permitted hostile critics of the Twenties to dismiss Brecht as a
cabaret wit, the works of the Thirties permitted them to dismiss
him as an artist in uniform."[1] The uniform of the Communist
Party? Not exactly. Marxist and socialist certainly. "Change the
world—it needs it" was the aim and Brecht tried to further it. So
he read widely and studied any really live theatre of any time or
place. He translated and adapted English, French and Chinese
authors. In German literature his interest ranged from *Sturm
und Drang* to Georg Büchner and thence to Gerhart
Hauptmann and the Naturalistic drama. But he was not

[1] Eric Bentley: *The Playwright as Thinker* (Harcourt, 1946), p. 261.

satisfied. He had to think out the whole question of content and form. In the second phase his study of Marxism provided the structure for his writing. Only after his reading of Marx "... wurden meine eigenen zerstreuten praktischen Erfahrungen und Eindrücke richtig lebendig." The dynamism of Marxism, as Brecht saw it, was its attraction. A statement—thesis—is opposed by an antithesis. The contradiction between the two statements then moves on to be resolved as a synthesis. Such a theory inevitably led to over-simplification when explicated in drama. "The stark and solemn works of the Thirties", the "Lehrstücke", were written in order to spread Brecht's increasingly left-wing opinions among young people. He tried to work out special techniques for getting the message across to the spectators and to schoolchildren who were performing the plays themselves. Gradually he formulated his idea of "Epic Drama". It was by no means an entirely new idea: Shakespeare might be said to have written in epic style 350 years before. But it is only in the works written during the years in exile that Brecht, "approfondissant ses moyens artistiques, ne cherchera plus à convaincre qu'en restituant au spectateur sa liberté en face du déroulement inexorable des évènements".[1]

As the plays developed in greater human and artistic maturity, Brecht's conception of the Epic Drama gained in coherence and force and its implications for the technique of production were worked out in greater detail. Brecht's theories about drama appear in a number of his publications, notably in *Der Messingkauf*, written between 1937 and 1951 in dialogue form inspired by Galileo's own use of this device in, for example, *Dialogue of the Two Great World Systems*; his theories are also expounded in *Kleines Organon für das Theater* (1948) and in numerous notes to the plays. The mature author's attitude to life was still the same as in his youth. He still believed that things are not right in this world and that it is our responsibility to change them by changing the attitude of the peoples of the world: "Es ist

[1] Geneviève Serreau: *Bertolt Brecht, Dramaturge* (L'Arche, 1955), pp. 64–5.

eine Lust unseres Zeitalters, daß so viele und mannigfache Veränderungen der Natur bewerkstelligt, alles so zu begreifen, daß wir eingreifen können. Da ist viel im Menschen, sagen wir, da kann viel aus ihm gemacht werden. Wie er ist, muß er nicht bleiben, nicht nur, wie er ist, darf er betrachtet werden, sondern auch, wie er sein könnte."[1]

This belief was bound to make itself felt in his conception of drama. He was too serious a writer to dissociate his work from his fundamental attitude to life, though it should be stated at once that Brecht considered the theatre to be "eine Stätte der Unterhaltung". "Seit jeher ist es das Geschäft des Theaters wie aller anderen Künste auch, die Leute zu unterhalten. Dieses Geschäft verleiht ihm auch seine besondere Würde, es benötigt keinen anderen Ausweis als den Spaß, diesen freilich unbedingt. Keineswegs könnte man es in einen höheren Stand erheben, wenn man es z.B. zu einem Markt der Moral machte." His attitude is shown in the emphasis he laid not so much on the inner nature as on the social behaviour of his characters. "Nicht der Character des Galilei also verdient Interesse sondern sein soziales Verhalten," stated one of the members of the Berliner Ensemble. She quotes Brecht himself as reproaching playwrights in general for creating characters "aus einem Guß ... eigentlich ohne alle Situationen bestehend."[2]

What Brecht mainly claimed to be interested in are the "Abbildungen der Geschehnisse unter Menschen". Hence the importance of the "Fabel"—the story. "Auf die Fabel kommt alles an, sie ist das Herzstück der theatralischen Veranstaltung." The "Fabel" is the simple tale of what happens. One day Brecht told the "Fabel" of *Leben des Galilei* by quoting in full the English nursery rhyme "Humpty-Dumpty". "'Weiter geschieht

---

[1] Bertolt Brecht: *Kleines Organon für das Theater* (Suhrkamp, 1957), No. 46.
[2] Käthe Rülicke in *Leben des Galilei. Bemerkungen zur Schlußszene. Sinn und Form. Beiträge zur Literatur*. Herausgegeben von der deutschen Akademie der Künste. 2. Sonderheft Bertolt Brecht (Rütten und Loening), pp. 282–3.

eigentlich nichts', sagte Brecht, aber er fügte gleich darauf auch den Witz der Sache hinzu, indem er noch den von ihm bewunderten Karl Valentin zitierte.

> Zwei Knaben stiegen auf eine Leiter,
> der oben war etwas gescheiter,
> der unten war etwas dumm.
> Auf einmal fiel die Leiter um."[1]

The epic theatre is meant not to move the reader or spectator but to make him think and to draw his own conclusions. When he watches a play "the spectator of the dramatic theatre says: Yes, I've felt the same way too.—That's me.—That's only natural.—It will always be like that.—I'm deeply shocked by that man's suffering because there's no remedy for it.—That is great art: everything in it is self-evident.—I weep together with the tearful ones, laugh with the joyful. The spectator in the epic theatre says: I wouldn't have thought that.—That's not the way to do it.—That's very strange, almost unbelievable.—It's got to stop.—I'm deeply shocked by this man's suffering because there could be a remedy.—That is great art: nothing in it is self-evident.—I laugh with the tearful man and weep over the joyful."[2]

To encourage the spectator to view the actions of the characters on the stage with a critical eye, he should be induced to remain uninvolved. Not unnaturally Brecht and the Berliner Ensemble were faced with some unsympathetic members of the audience and critics who did not understand what Brecht was trying to do. In a discussion held by the company following bad press reviews in which they were accused of not having sufficient "warmth" and of leaving the audience "cold", Brecht posed the following question:

[1] Käthe Rülicke, op. cit. p. 219. Karl Valentin was a comedian who performed in Munich in the 20s.

[2] Bertolt Brecht: *Über eine nichtaristotelische Dramatik. Das epische Theater*, (Suhrkamp, 1957).

"B. Unser Prinzip besteht darin, den Zuschauer kalt zu lassen?

W. Das wird behauptet. Und wir haben angeblich auch einen
     Grund dafür, nämlich daß man kalt besser denken kann,
     und wir wollen hauptsächlich, daß man denkt im Theater.

B. Das ist natürlich schlimm: der Zuschauer soll bei uns dafür
     zahlen, daß er denken muß .....

W. Wie wär's, wenn Sie einmal klar und deutlich sagten, daß
     man auch in unserem Theater nicht nur denken muß?

B. Ich denke nicht daran.

W. Aber Sie verurteilen doch gar nicht Gefühle.

R. Natürlich nicht, nur unvernünftige.

B. Sagen wir, automatische, veraltete, schädliche ...."[1]

(W. and R. were company members)

To prevent the reader or the spectator from identifying himself
with the hero, to prevent him if not from "mitzuleben mit dem
Helden", at least from "blind mitzuleben" and to make him look
at the play as an objective observer, Brecht uses his much
quoted "Verfremdungseffekt". He wants his public to ask
questions, to doubt, to make discoveries. "Es [the theatre] muß
sein Publikum wundern machen, und dies geschieht vermittels
einer Technik der Verfremdung des Vertrauten."[2]

In *Leben des Galilei*, for example, he produced the alienation
effect by choosing an historical subject which takes us out of our
own period, and by presenting it in such a way that the spectator
never forgets that it is a play and that it contains an "aktuelle
Aussage". Songs are introduced to interrupt the action.

> "Die Schauspieler
> Verwandeln sich in Sänger. In anderer Haltung
> Wenden sie sich an das Publikum, immer noch
> Die Figuren des Stücks, aber nun auch offen
> Die Mitwisser des Stückeschreibers."[3]

---

[1] Bertolt Brecht: *Einige Irrtümer über die Spielweise des Berliner
Ensembles.* Sinn und Form (Rütten und Loening), p. 244.

[2] Bertolt Brecht: *Kleines Organon für das Theater*, No. 44.

[3] Bertolt Brecht: *Gedichte aus dem Messingkauf.* Versuche Heft 14
(Suhrkamp, 1955), p. 116.

The events of the "Fabel" are announced by "Sprüchbänder" or placards so that there is no shock of surprise.

But not only must the play itself have this "Verfremdungs-effekt", the production must support this aim. The actors, too, must not allow themselves to be entirely one with the characters they are representing or "showing". The actor is "der Nachahmende", and it should be noticeable, "daß dieser Nachahmende

Nie sich in einer Nachahmung verliert. Er verwandelt sich
Nie zur Gänze in den, den er nachahmt. Immer
Bleibt er der Zeigende, selbst nicht Verwickelte."

The stage designer no longer has the task of creating the illusion of a place; on the contrary, he should remind us of the fact that we are looking at a stage and that it is artificial, not a reality. It is a sign of Brecht's greatness that he did not become a slave to his theories, however. His anti-Third Reich plays had as firm a didactic purpose as the "Lehrstücke" but the lesson he presented was in a more disguised form. The plays written between 1933 and 1945 are the works of a creative genius in which content and form unite, unconstrained by theories. The plays are there to be enjoyed as entertainment—but in deference to their author, *Leben des Galilei* will now be studied in greater detail.

Leben des Galilei

Brecht began and ended his *Kleines Organon für das Theater* with the claim that the theatre must entertain the public. But when we look for suitable entertainment we must realize that we are "Kinder eines wissenschaftlichen Zeitalters ... Unser Zusammenleben als Menschen—und das heißt: unser Leben—ist in einem ganz neuen Umfang von den Wissenschaften bestimmt". The *Leben des Galilei* represents this kind of entertainment. The first version was written in 1938 in Denmark, in collaboration with Margarete Steffin."Die Zeitungen hatten die Nachricht von der Spaltung des Uran—Atoms durch den Physiker Otto Hahn und seine Mitarbeiter gebracht", states

Brecht on the first page of the play in Heft 14 of the *Versuche*, indicating that for him there exists a close relationship of experience between the facts of Galileo's work and life on the one hand and the tremendous scientific advances of our time. The similarity of experience may simply consist in our sharing the excitement of the widening of human horizons, our being able to say of our age, too, as Brecht lets Galileo say, "Es ist eine große Lust aufgekommen, die Ursachen aller Dinge zu erforschen ... Jeden Tag wird etwas Neues gefunden. Selbst die Hundertjährigen lassen sich noch von den Jungen ins Ohr schreien, was Neues entdeckt wurde. Da ist schon viel gefunden, aber da ist noch mehr, was noch gefunden werden kann." Yet for Brecht this would not be a sufficient reason for choosing Galileo's life for the subject of a play. For him it contains a more "aktuelle Aussage"; this latter is and remains so "aktuell" for Brecht that it undergoes slight and yet revealing changes with new experiences. In 1945–46 the author, together with the actor Charles Laughton, translated the play into English. It was not an easy task. "Das englische Assoziieren ist so sehr anders, ebenso das Argumentieren und der Humor", according to Brecht. Therefore it is not a faithful translation; Brecht changed important details so that the form in which the play was performed first in 1947 in California, then in 1948 in New York, is known as the second version. During the work on translation, the atom bomb was dropped on Hiroshima. "Das atomarische Zeitalter machte sein Debut in Hiroshima in der Mitte unserer Arbeit. Von heute auf morgen las sich die Biographie des Begründers der neuen Physik anders. Der infernalische Effekt der Großen Bombe stellte den Konflikt des Galilei mit der Obrigkeit seiner Zeit in ein neues, schärferes Licht", says Brecht. The difference in the approach is the growing realization of the social responsibility of the scientist. When comparing the third and latest version of 1956 with the two previous ones, K. Rülicke noticed a "soziale Verschärfung" which she proved by a detailed analysis of the changes in the last scene. Brecht, summing up this latest view of his chief character, said during one of the 120 rehearsals of the play in 1955: "Zum Schluß ist er

[Galileo] ein Förderer der Wissenschaft und ein sozialer Verbrecher . . . Er unterliegt der Versuchung der Wissenschaft." In the play itself Galileo tells Andrea: "Ich halte dafür, daß das einzige Ziel der Wissenschaft darin besteht, die Mühseligkeit der menschlichen Existenz zu erleichtern." This he has not done, he has betrayed his calling. He goes on to warn scientists lest their progress becomes a progress away from humanity, lest their "Jubelschrei über irgend eine neue Errungenschaft von einem universalen Entsetzungsschrei beantwortet werden könnte".

But whether the spectator or the reader agrees with Brecht's statement or not, he will be fascinated by the subject of the play which deals with experiences and problems of our time, problems which are familiar to scientists and art students alike. This, however, is not the main reason for the publication of the play, nor is it its value as an example of what Brecht meant by Epic Theatre and "Verfremdungseffekt". Like G. B. Shaw in his prefaces, Brecht liked to find out and explain what he was doing or what he had done, to formulate the conclusions from his creative experiences. But the first approach to Brecht should be made through his plays themselves, and the conviction that the *Leben des Galilei* is one of the most powerful of plays is the reason for this edition. On reading and studying the play itself, questions of "Verfremdung" and "Epic Theatre" and other fashionable terms drop into the background and—in spite of Brecht's intention—we are enthralled by the play itself.

We feel the intensity of drama, hardly aware at first of the fact that there is no plot, no introduction, no carefully prepared crisis and climax, no logical sequence of events. It is a broader conception of the dramatic, a conception not unknown to the *Sturm und Drang* dramatists with their claim of "innere Form", holding together their apparently loosely connected scenes, not unknown either to Büchner in *Wozzek* or to Gerhart Hauptmann when he wrote *Die Weber*. It is an open, diffuse play which starts early in the narration and proceeds through it in many scenes. So the first scene of *Leben des Galilei* is not the first scene of a first act, the beginning of a particular conflict; we are not left with a feeling of suspense, and yet we are anxious to know and to hear more; we do not feel concerned about the dramatic connection between any one and the next scene because we feel the inner necessity of the sequence. We know that the scene in the Collegium Romanum forms part of Galileo's experience; it makes us realize the danger of his conflict with the Church, as the Carnival scene shows us the impact of his work on the ordinary citizen.

But the fact that the scenes of the play follow each other in a way which gives us the feeling of a necessary sequence does not entirely explain its dramatic effect. This lies in Brecht's art of characterization. Every one of the characters in the play, however unimportant his part may be, is a live person with considerable individuality. The most striking example of this art is Galileo himself. He has not a neatly harmonized nature; he could say with C. F. Meyer's Hutten:

> "Das heißt, ich bin kein ausgeklügelt Buch,
>
> Ich bin ein Mensch mit seinem Widerspruch."

These contradictory aspects of his personality are clearly shown in the different impression he makes on each of the other characters. It was Brecht himself who during the rehearsals reminded the actors of this fact. To help them create their parts, he told Ludovico: "Galilei ist für Sie ein unheimlicher Mensch, ärmlich, viele Bücher, nichts erinnert an Pferde, ein Gelehrter, mit dem Sie nur verhandeln, weil es Mama aufgetragen hat." To the actor taking the part of Priuli he said: "Das ist ein großer Mann, mit dem man geduldig sein muß. Leider hat er seine Meriten—er beschäftigt sich nicht genug mit praktischen Dingen." To Andrea: "Das ist der Untermieter der Mutter. Er hat wenig Zeit, nur etwas in der Frühe, wenn er gerade guter Laune ist. Und im Schlußbild. Das war anfangs ein großer Mann, Ihr Lehrer, den Sie bewunderten. Dann, nach dem Widerruf, ist er ein Lump, und wenn er die 'Discorsi' geschrieben hat, ein großes Vorbild." To the Gelehrten des Florentiner Hofes: "Das ist ein Scharlatan aus der Republik Venedig (wo es viele Scharlatane gibt). Ein Schwindler. Das ganze Zeug ist ein Schwindel für die

Schiffswerften." To the Schreibern der Inquisition: "Das ist eine große Persönlichkeit, die von den höchsten Kardinälen begrüßt wird. Man muß respektvoll zu ihm sein." To the Eisengießer Vanni: "Das ist ein Gelehrter, der nur an Edles denkt. Man muß ihm das Praktische abnehmen." [1]

Brecht's interesting interpretation of the attitude of the characters to Galileo supports the impression we have ourselves when reading the play. But the variety of their approach to Galileo is not only significant for Galileo's nature; it also proves that all the others, Ludovico, Andrea, and those not mentioned in the above analysis, Frau Sarti, Virginia, the boy Cosmo, have a personality of their own. The same is true of the different representatives of the Church hierarchy. It is important to note that they are worthy opponents of Galileo. He needs intelligent adversaries in order to argue with them. We have in our mind a clear picture of every one of them and probably Brecht is right in claiming to have achieved this not so much by what his characters say but by what they do. To some readers it will give added pleasure to know that many of these characters are not invented but that they played their part in Galileo's life or in the history of the times.

The historical background emerges before our eyes as we read the play without us ever feeling that it is being purposely introduced. We feel the atmosphere of the dawn of a new era, the excitement of and the passion for research, yet, on the other hand, we foresee the far-reaching repercussions of Galileo's discovery. "Was würden sie sagen," said the little monk of his poor parents in the Campagna of Rome, "wenn sie von mir erführen, daß sie sich auf einem kleinen Steinklumpen befinden, der sich unaufhörlich drehend im leeren Raum um ein anderes Gestirn bewegt, einer unter sehr vielen, ein ziemlich unbedeutender?" They would feel completely lost and uncared for. Others might draw inspiration from the changed outlook on the universe and on life: and they might grasp the opportunity of a changing world to change the social structure. It is possible to accuse

[1] Käthe Rülicke, op. cit. pp. 282–3.

Brecht of thinking anachronistically when he assumes that, had Galileo not yielded to the Establishment, represented by the Church, the forces of social revolution would have prevailed. The time was probably not ripe and the matter was not so simple as the playwright, for dramatic and didactic purposes, makes it appear. Galileo's recantation silenced for the time being many of the claims of which we hear in the carnival scene.

This scene with the songs of the ballad-singer is reminiscent of the songs in the *Dreigroschenoper*: they have the same stirring effect, very serious matters being conveyed to us in the language and the music of the popular fair. The composer was Hanns Eisler.

Brecht clearly had an outstanding command of language at all levels which he delighted in using and which he displayed in his plays as well as in his poetry. The way he used language naturally gives individuality to the characters, but Brecht could also create a feeling of distance by clear, cool speech avoiding emotional emphasis. He is fond of coining short epigrammatic sentences which sum up a situation and drive home the poignancy of the statement. In the scene of Galileo's recant-ation Andrea calls out: "Unglücklich das Land, das keine Helden hat", which is taken up by Galileo, "Nein. Unglücklich das Land, das Helden nötig hat." In the last conversation with Galileo Andrea states, "Die Wissenschaft kennt nur ein Gebot: den wissenschaftlichen Beitrag." Other speeches—surprising statement in a way—remind Brecht himself of Schiller. To the successful actor of Andrea he said "begeistert", "Der spricht großartig Schiller, freilich nur, weil der Text von mir ist." [1]

These remarks were made by Brecht during one of the many rehearsals of the play with the Berliner Ensemble. He died before the first Berlin performance took place, and the play was finally produced by his old colleague and friend Erich Engel with the settings by his friend Caspar Neher.

The English critics who attended the performance at the Theater am Schiffbauerdamm in Berlin agree in their impression

---

[1] Käthe Rülicke, op. cit. p. 312.

that "We are in presence of a writer of quite unusual implications and scope. . . . The point about him is not that in due course he will join the great dead writers, it is that his work at the moment is very much alive." [1] It is alive and the author holds a place in the theatre of our time. This place has been well defined by the American critic Eric Bentley in his book *The Playwright as Thinker* and in his more recent *In Search of Theater*. These books should be read by anybody who likes to see the modern theatre not as so many isolated national phenomena but as something greater, as a fascinating whole showing up more clearly the contributions of the individual artists and countries. Thus it is by seeing Brecht's ideas of production in the light of those of the English stage and of the famous producers Jean-Louis Barrault and Jean Vilar, and his plays as born out of the same period as those by T. S. Eliot, Christopher Fry, Pirandello, Claudel and Sartre, by seeing him against the background of the serious drama of our time in Europe and America, that the importance of his contribution becomes obvious.

Translations of his plays have been produced on the English stage, others have been broadcast by the BBC. The present edition in German, it is hoped, will not only introduce an outstanding work of this author to universities and schools in English-speaking countries, but encourage further acquaintance with his plays.

An edition of *Mutter Courage* by the same editors is published in series with this book.

---

[1] John Willett: "Bertolt Brecht's works—Richness and variety," *Manchester Guardian*, January 1957.

LEBEN DES GALILEI

Schauspiel

PERSONEN

GALILEO GALILEI

ANDREA SARTI

FRAU SARTI, *Galileis
Haushälterin, Andreas
Mutter*

LUDOVICO MARSILI, *ein
reicher junger Mann*

DER KURATOR DER UNI-
VERSITÄT PADUA, HERR
PRIULI

SAGREDO, *Galileis Freund*

VIRGINIA, *Galileis Tochter*

FEDERZONI, *ein Linsen-
schleifer, Galileis
Mitarbeiter*

DER DOGE

RATSHERREN

COSMO DE MEDICI, *Groß-
herzog von Florenz*

DER HOFMARSCHALL

DER THEOLOGE

DER PHILOSOPH

DER MATHEMATIKER

DIE ÄLTERE HOFDAME

DIE JÜNGERE HOFDAME

GROSZHERZOGLICHER
LAKAI

ZWEI NONNEN

ZWEI SOLDATEN

DIE ALTE FRAU

EIN DICKER PRÄLAT

ZWEI GELEHRTE

ZWEI MÖNCHE

ZWEI ASTRONOMEN

EIN SEHR DÜNNER MÖNCH

DER SEHR ALTE KARDINAL

PATER CHRISTOPHER
CLAVIUS, *Astronom*

DER KLEINE MÖNCH

DER KARDINAL INQUISITOR

KARDINAL BARBERINI,
später Papst Urban VIII

KARDINAL BELLARMIN

ZWEI GEISTLICHE
SEKRETÄRE

ZWEI JUNGE DAMEN

FILIPPO MUCIUS, *ein
Gelehrter*

HERR GAFFONE, *Rektor der
Universität Pisa*

DER BALLADENSÄNGER

SEINE FRAU

VANNI, *ein Eisengießer*

EIN BEAMTER

EIN HOHER BEAMTER

EIN INDIVIDUUM

EIN MÖNCH

EIN BAUER

EIN GRENZWÄCHTER

EIN SCHREIBER

MÄNNER, FRAUEN, KINDER

1

GALILEO GALILEI, LEHRER DER MATHEMATIK ZU PADUA, WILL
DAS NEUE KOPERNIKANISCHE WELTSYSTEM BEWEISEN.

> In dem Jahr sechzehnhundertundneun
> Schien das Licht des Wissens hell
> Zu Padua aus einem kleinen Haus.
> Galileo Galilei rechnete aus:
> Die Sonn steht still, die Erd kommt von der Stell.

Das ärmliche Studierzimmer des Galilei in Padua

*Es ist morgens. Ein Knabe, Andrea, der Sohn der Haushälterin,
bringt ein Glas Milch und einen Wecken.*

GALILEI *sich den Oberkörper waschend, prustend und fröhlich:*
Stell die Milch auf den Tisch, aber klapp kein Buch zu.

ANDREA: Mutter sagt, wir müssen den Milchmann bezahlen.
Sonst macht er bald einen Kreis um unser Haus, Herr Galilei.

GALILEI: Es heißt: er beschreibt einen Kreis, Andrea.

ANDREA: Wie Sie wollen. Wenn wir nicht bezahlen, dann
beschreibt er einen Kreis um uns, Herr Galilei.

GALILEI: Während der Gerichtsvollzieher, Herr Cambione,
schnurgerade auf uns zu kommt, indem er was für eine
Strecke zwischen zwei Punkten wählt?

ANDREA *grinsend:* Die kürzeste.

GALILEI: Gut. Ich habe was für dich. Sieh hinter den Sterntafeln nach.

*Andrea fischt hinter den Sterntafeln ein großes hölzernes Modell
des Ptolemäischen Systems hervor.*

ANDREA: Was ist das?

GALILEI: Das ist ein Astrolab; das Ding zeigt, wie sich die
Gestirne um die Erde bewegen, nach Ansicht der Alten.

ANDREA: Wie?

GALILEI: Untersuchen wir es. Zuerst das erste: Beschreibung.

ANDREA: In der Mitte ist ein kleiner Stein.

15

GALILEI: Das ist die Erde.

ANDREA: Drum herum sind, immer übereinander, Schalen.

GALILEI: Wie viele?

ANDREA: Acht.

GALILEI: Das sind die kristallnen Sphären.

ANDREA: Auf den Schalen sind Kugeln angemacht . . .

GALILEI: Die Gestirne.

ANDREA: Da sind Bänder, auf die sind Wörter gemalt.

GALILEI: Was für Wörter?

ANDREA: Sternnamen.

GALILEI: Als wie?

ANDREA: Die unterste Kugel ist der Mond, steht drauf. Und darüber ist die Sonne.

GALILEI: Und jetzt laß die Sonne laufen.

ANDREA *bewegt die Schalen:* Das ist schön. Aber wir sind so eingekapselt.

GALILEI *sich abtrocknend:* Ja, das fühlte ich auch, als ich das Ding zum ersten Mal sah. Einige fühlen das. *Er wirft Andrea das Handtuch zu, daß er ihm den Rücken abreibe.* Mauern und Schalen und Unbeweglichkeit! Durch zweitausend Jahre glaubte die Menschheit, daß die Sonne und alle Gestirne des Himmels sich um sie drehten. Der Papst, die Kardinäle, die Fürsten, die Gelehrten, Kapitäne, Kaufleute, Fischweiber und Schulkinder glaubten, unbeweglich in dieser kristallenen Kugel zu sitzen. Aber jetzt fahren wir heraus, Andrea, in großer Fahrt. Denn die alte Zeit ist herum, und es ist eine neue Zeit. Seit hundert Jahren ist es, als erwartete die Menschheit etwas.

Die Städte sind eng, und so sind die Köpfe. Aberglauben und Pest. Aber jetzt heißt es: da es so ist, bleibt es nicht so. Denn alles bewegt sich, mein Freund.

Ich denke gerne, daß es mit den Schiffen anfing. Seit Menschengedenken waren sie nur an den Küsten entlang gekrochen, aber plötzlich verließen sie die Küsten und liefen aus über alle Meere.

Auf unserm alten Kontinent ist ein Gerücht entstanden: es gibt neue Kontinente. Und seit unsere Schiffe zu ihnen

fahren, spricht es sich auf den lachenden Kontinenten herum:
das große gefürchtete Meer ist ein kleines Wasser. Und es
ist eine große Lust aufgekommen, die Ursachen aller Dinge
zu erforschen: warum der Stein fällt, den man losläßt, und
wie er steigt, wenn man ihn hochwirft. Jeden Tag wird etwas
gefunden. Selbst die Hundertjährigen lassen sich noch von
den Jungen ins Ohr schreien, was Neues entdeckt wurde.

Da ist schon viel gefunden, aber da ist mehr, was noch
gefunden werden kann. Und so gibt es wieder zu tun für
neue Geschlechter.

In Siena, als junger Mensch, sah ich, wie ein paar Bauleute
eine tausendjährige Gepflogenheit, Granitblöcke zu bewegen,
durch eine neue und zweckmäßigere Anordnung der Seile
ersetzten, nach einem Disput von fünf Minuten. Da und
dann wußte ich: die alte Zeit ist herum, und es ist eine neue
Zeit. Bald wird die Menschheit Bescheid wissen über ihre
Wohnstätte, den Himmelskörper, auf dem sie haust. Was in
den alten Büchern steht, das genügt ihr nicht mehr.

Denn wo der Glaube tausend Jahre gesessen hat, eben da
sitzt jetzt der Zweifel. Alle Welt sagt: ja, das steht in den
Büchern, aber laßt uns jetzt selbst sehn. Den gefeiertsten
Wahrheiten wird auf die Schulter geklopft; was nie bezweifelt
wurde, das wird jetzt bezweifelt.

Dadurch ist eine Zugluft entstanden, welche sogar den
Fürsten und Prälaten die goldbestickten Röcke lüftet, so daß
fette und dürre Beine darunter sichtbar werden, Beine wie
unsere Beine. Die Himmel, hat es sich herausgestellt, sind
leer. Darüber ist ein fröhliches Gelächter entstanden.

Aber das Wasser der Erde treibt die neuen Spinnrocken,
und auf den Schiffswerften, in den Seil- und Segelhäusern
regen sich fünfhundert Hände zugleich in einer neuen Anordnung.

Ich sage voraus, daß noch zu unsern Lebzeiten auf den
Märkten von Astronomie gesprochen werden wird. Selbst
die Söhne der Fischweiber werden in die Schulen laufen.
Denn es wird diesen neuerungssüchtigen Menschen unserer
Städte gefallen, daß eine neue Astronomie nun auch die Erde

sich bewegen läßt. Es hat immer geheißen, die Gestirne sind
an einem kristallenen Gewölbe angeheftet, daß sie nicht herunterfallen können. Jetzt haben wir Mut gefaßt und lassen
sie im Freien schweben, ohne Halt, und sie sind in großer
Fahrt, gleich unseren Schiffen, ohne Halt und in großer
Fahrt.

Und die Erde rollt fröhlich um die Sonne, und die Fischweiber, Kaufleute, Fürsten und die Kardinäle und sogar der
Papst rollen mit ihr.

Das Weltall aber hat über Nacht seinen Mittelpunkt verloren, und am Morgen hatte es deren unzählige. So daß jetzt
jeder als Mittelpunkt angesehen wird und keiner. Denn da
ist viel Platz plötzlich.

Unsere Schiffe fahren weit hinaus, unsere Gestirne bewegen
sich weit im Raum herum, selbst im Schachspiel die Türme
gehen neuerdings weit über alle Felder.

Wie sagt der Dichter? „O früher Morgen des Beginnens!
. . .“

ANDREA:

„O früher Morgen des Beginnens!
O Hauch des Windes, der
Von neuen Küsten kommt!“

Und Sie müssen Ihre Milch trinken, denn dann kommen
sofort wieder Leute.

GALILEI: Hast du, was ich dir gestern sagte, inzwischen
begriffen?

ANDREA: Was? Das mit dem Kippernikus seinem Drehen?

GALILEI: Ja.

ANDREA: Nein. Warum wollen Sie denn, daß ich es begreife?
Es ist sehr schwer, und ich bin im Oktober erst elf.

GALILEI: Ich will gerade, daß auch du es begreifst. Dazu, daß
man es begreift, arbeite ich und kaufe die teuren Bücher,
statt den Milchmann zu bezahlen.

ANDREA: Aber ich sehe doch, daß die Sonne abends woanders
hält als morgens. Da kann sie doch nicht stillstehn! Nie und
nimmer.

GALILEI: Du siehst! Was siehst du? Du siehst gar nichts. Du

glotzt nur. Glotzen ist nicht sehen. *Er stellt den eisernen Waschschüsselständer in die Mitte des Zimmers.* Also das ist die Sonne. Setz dich. *Andrea setzt sich auf den einen Stuhl. Galilei steht hinter ihm.* Wo ist die Sonne, rechts oder links?

ANDREA: Links.

GALILEI: Und wie kommt sie nach rechts?

ANDREA: Wenn Sie sie nach rechts tragen, natürlich.

GALILEI: Nur so? *Er nimmt ihn mitsamt dem Stuhl auf und vollführt mit ihm eine halbe Drehung.* Wo ist jetzt die Sonne?

ANDREA: Rechts.

GALILEI: Und hat sie sich bewegt?

ANDREA: Das nicht.

GALILEI: Was hat sich bewegt?

ANDREA: Ich.

GALILEI *brüllt:* Falsch! Dummkopf! Der Stuhl!

ANDREA: Aber ich mit ihm!

GALILEI: Natürlich. Der Stuhl ist die Erde. Du sitzt drauf.

FRAU SARTI *ist eingetreten, das Bett zu machen. Sie hat zugeschaut:* Was machen Sie eigentlich mit meinem Jungen Herr Galilei?

GALILEI: Ich lehre ihn sehen, Sarti.

FRAU SARTI: Indem Sie ihn im Zimmer herumschleppen?

ANDREA: Laß doch, Mutter. Das verstehst du nicht.

FRAU SARTI: So? Aber du verstehst es, wie? Ein junger Herr, der Unterricht wünscht. Sehr gut angezogen und bringt einen Empfehlungsbrief. *Übergibt diesen.* Sie bringen meinen Andrea noch so weit, daß er behauptet, zwei mal zwei ist fünf. Er verwechselt schon alles, was Sie ihm sagen. Gestern abend bewies er mir schon, daß die Erde sich um die Sonne dreht. Er ist fest überzeugt, daß ein Herr namens Kippernikus das ausgerechnet hat.

ANDREA: Hat es der Kippernikus nicht ausgerechnet, Herr Galilei? Sagen Sie es ihr selber!

FRAU SARTI: Was, Sie sagen ihm wirklich einen solchen Unsinn? Daß er es in der Schule herumplappert und die geistlichen Herren zu mir kommen, weil er lauter unheiliges Zeug vorbringt. Sie sollten sich schämen, Herr Galilei.

GALILEI *frühstückend:* Auf Grund unserer Forschungen, Frau
Sarti, haben, nach heftigem Disput, Andrea und ich Entdeckungen gemacht, die wir nicht länger der Welt gegenüber
geheimhalten können. Eine neue Zeit ist angebrochen, ein
großes Zeitalter, in dem zu leben eine Lust ist.

FRAU SARTI: So. Hoffentlich können wir auch den Milchmann
bezahlen in dieser neuen Zeit, Herr Galilei. *Auf den Empfehlungsbrief deutend:* Tun Sie mir den einzigen Gefallen und
schicken Sie den nicht auch wieder weg. Ich denke an die
Milchrechnung. *Ab.*

GALILEI *lachend:* Lassen Sie mich wenigstens meine Milch aus-
trinken! — *Zu Andrea:* Einiges haben wir gestern also doch
verstanden!

ANDREA: Ich habe es ihr nur gesagt, damit sie sich wundert.
Aber es stimmt nicht. Den Stuhl mit mir haben Sie nur
seitwärts um sich selber gedreht und nicht so. *Macht eine
Armbewegung vornüber.* Sonst wäre ich nämlich herunter-
gefallen, und das ist ein Fakt. Warum haben Sie den Stuhl
nicht vorwärts gedreht? Weil dann bewiesen ist, daß ich von
der Erde ebenfalls herunterfallen würde, wenn sie sich so
drehen würde. Da haben Sie's.

GALILEI: Ich hab dir doch bewiesen . . .

ANDREA: Aber heute nacht habe ich gefunden, daß ich da ja,
wenn die Erde sich so drehen würde, mit dem Kopf die Nacht
nach unten hängen würde. Und das ist ein Fakt.

GALILEI *nimmt einen Apfel vom Tisch:* Also das ist die Erde.

ANDREA: Nehmen Sie nicht lauter solche Beispiele, Herr
Galilei. Damit schaffen Sie's immer.

GALILEI *den Apfel zurücklegend:* Schön.

ANDREA: Mit Beispielen kann man es immer schaffen, wenn
man schlau ist. Nur, ich kann meine Mutter nicht in einem
Stuhl herumschleppen wie Sie mich. Da sehen Sie, was das
für ein schlechtes Beispiel ist. Und was ist, wenn der Apfel
also die Erde ist? Dann ist gar nichts.

GALILEI *lacht:* Du willst es ja nicht wissen.

ANDREA: Nehmen Sie ihn wieder. Wieso hänge ich nicht mit
dem Kopf nach unten nachts?

GALILEI: Also hier ist die Erde, und hier stehst du. *Er steckt einen Holzsplitter von einem Ofenscheit in den Apfel.* Und jetzt dreht sich die Erde.

ANDREA: Und jetzt hänge ich mit dem Kopf nach unten.

GALILEI: Wieso? Schau genau hin! Wo ist der Kopf?

ANDREA *zeigt am Apfel:* Da. Unten.

GALILEI: Was? *Er dreht zurück.* Ist er etwa nicht an der gleichen Stelle? Sind die Füße nicht mehr unten? Stehst du etwa, wenn ich drehe, so? *Er nimmt den Splitter heraus und dreht ihn um.*

ANDREA: Nein. Und warum merke ich nichts von der Drehung?

GALILEI: Weil du sie mitmachst! Du und die Luft über dir und alles, was auf der Kugel ist.

ANDREA: Und warum sieht es so aus, als ob die Sonne läuft?

GALILEI *dreht wieder den Apfel mit dem Splitter:* Also unter dir siehst du die Erde, die bleibt gleich, sie ist immer unten und bewegt sich für dich nicht. Aber jetzt schau über dich. Nun ist die Lampe über deinem Kopf, aber jetzt, was ist jetzt, wenn ich gedreht habe, über deinem Kopf, also oben?

ANDREA *macht die Drehung mit:* Der Ofen.

GALILEI: Und wo ist die Lampe?

ANDREA: Unten.

GALILEI: Aha!

ANDREA: Das ist fein, das wird sie wundern.

Ludovico Marsili, ein reicher junger Mann, tritt ein.

GALILEI: Hier geht es zu wie in einem Taubenschlag.

LUDOVICO: Guten Morgen, Herr. Mein Name ist Ludovico Marsili.

GALILEI *seinen Empfehlungsbrief studierend:* Sie waren in Holland?

LUDOVICO: Wo ich viel von Ihnen hörte, Herr Galilei.

GALILEI: Ihre Familie besitzt Güter in der Campagna?

LUDOVICO: Die Mutter wünschte, daß ich mich ein wenig umsähe, was in der Welt sich zuträgt usw.

GALILEI: Und Sie hörten in Holland, daß in Italien zum Beispiel ich mich zutrage?

LUDOVICO: Und da die Mutter wünscht, daß ich mich auch in den Wissenschaften umsehe . . .

GALILEI: Privatunterricht: zehn Skudi pro Monat.

LUDOVICO: Sehr wohl, Herr.

GALILEI: Was sind Ihre Interessen?

LUDOVICO: Pferde.

GALILEI: Aha.

LUDOVICO: Ich habe keinen Kopf für die Wissenschaften, Herr Galilei.

GALILEI: Aha. Unter diesen Umständen sind es fünfzehn Skudi pro Monat.

LUDOVICO: Sehr wohl, Herr Galilei.

GALILEI: Ich werde Sie in der Frühe drannehmen müssen. Es wird auf deine Kosten gehen, Andrea. Du fällst natürlich dann aus. Du verstehst, du zahlst nichts.

ANDREA: Ich geh schon. Kann ich den Apfel mithaben?

GALILEI: Ja.

Andrea ab.

LUDOVICO: Sie werden Geduld mit mir haben müssen. Hauptsächlich weil es in den Wissenschaften immer anders ist, als der gesunde Menschenverstand einem sagt. Nehmen Sie zum Beispiel dieses komische Rohr, das sie in Amsterdam verkaufen. Ich habe es genau untersucht. Eine Hülse aus grünem Leder und zwei Linsen, eine so — *er deutet eine konkave Linse an* —, eine so — *er deutet eine konvexe Linse an.* Ich höre, eine vergrößert und eine verkleinert. Jeder vernünftige Mensch würde denken, sie gleichen einander aus. Falsch. Man sieht alles fünfmal so groß durch das Ding. Das ist Ihre Wissenschaft.

GALILEI: Was sieht man fünfmal so groß?

LUDOVICO: Kirchturmspitzen, Tauben; alles, was weit weg ist.

GALILEI: Haben Sie solche Kirchturmspitzen selber vergrößert gesehen?

LUDOVICO: Jawohl, Herr.

GALILEI: Und das Rohr hatte zwei Linsen? *Er macht auf einem Blatt eine Skizze.* Sah es so aus? *Ludovico nickt.* Wie alt ist die Erfindung?

LUDOVICO: Ich glaube, sie war nicht älter als ein paar Tage, als ich Holland verließ, jedenfalls nicht länger auf dem Markt.

GALILEI *beinahe freundlich:* Und warum muß es Physik sein? Warum nicht Pferdezucht?

Herein Frau Sarti, von Galilei unbemerkt.

LUDOVICO: Die Mutter meint, ein wenig Wissenschaft ist nötig. Alle Welt nimmt ihren Wein heutzutage mit Wissenschaft, wissen Sie.

GALILEI: Sie könnten ebensogut eine tote Sprache wählen oder Theologie. Das ist leichter. *Sieht Frau Sarti.* Gut, kommen Sie Dienstag morgen.

Ludovico geht.

GALILEI: Schau mich nicht so an. Ich habe ihn genommen.

FRAU SARTI: Weil du mich zur rechten Zeit gesehen hast. Der Kurator von der Universität ist draußen.

GALILEI: Den bring herein, der ist wichtig. Das sind vielleicht 500 Skudi. Dann brauche ich keine Schüler.

Frau Sarti bringt den Kurator herein. Galilei hat sich vollends angezogen, dabei Ziffern auf einen Zettel kritzelnd.

GALILEI: Guten Morgen, leihen Sie mir einen halben Skudo. *Gibt die Münze, die der Kurator aus dem Beutelchen fischt, der Sarti.* Sarti, schicken Sie Andrea zum Brillenmacher um zwei Linsen; hier sind die Maße.

Sarti ab mit dem Zettel.

DER KURATOR: Ich komme betreffs Ihres Ansuchens um Erhöhung des Gehalts auf 1000 Skudi. Ich kann es bei der Universität leider nicht befürworten. Sie wissen, mathematische Kollegien bringen der Universität nun einmal keinen Zustrom. Mathematik ist eine brotlose Kunst, sozusagen. Nicht als ob die Republik sie nicht über alles schätzte. Sie ist nicht so nötig wie die Philosophie, noch so nützlich wie die Theologie, aber sie verschafft den Kennern doch so unendliche Genüsse!

GALILEI *über seinen Papieren:* Mein lieber Mann, ich kann nicht auskommen mit 500 Skudi.

DER KURATOR: Aber, Herr Galilei, Sie lesen zweimal zwei Stunden in der Woche. Ihr außerordentlicher Ruf verschafft Ihnen sicher Schüler in beliebiger Menge, die zahlen können für Privatstunden. Haben Sie keine Privatschüler?

GALILEI: Herr, ich habe zu viele! Ich lehre und lehre, und wann soll ich lernen? Mann Gottes, ich bin nicht so siebengescheit wie die Herren von der philosophischen Fakultät. Ich bin dumm. Ich verstehe rein gar nichts. Ich bin also gezwungen, die Löcher in meinem Wissen auszustopfen. Und wann soll ich das tun? Wann soll ich forschen? Herr, meine Wissenschaft ist noch wißbegierig! Über die größten Probleme haben wir heute noch nichts als Hypothesen. Aber wir verlangen Beweise von uns. Und wie soll ich da weiterkommen, wenn ich, um meinen Haushalt in Gang zu halten, gezwungen bin, jedem Wasserkopf, der es bezahlen kann, einzutrichtern, daß die Parallelen sich im Unendlichen schneiden?

DER KURATOR: Vergessen Sie nicht ganz, daß die Republik vielleicht nicht so viel bezahlt, wie gewisse Fürsten bezahlen, daß sie aber die Freiheit der Forschung garantiert. Wir in Padua lassen sogar Protestanten als Hörer zu! Und wir verleihen ihnen den Doktorgrad. Herrn Cremonini haben wir nicht nur nicht an die Inquisition ausgeliefert, als man uns bewies, bewies, Herr Galilei, daß er irreligiöse Äußerungen tut, sondern wir haben ihm sogar eine Gehaltserhöhung bewilligt. Bis nach Holland weiß man, daß Venedig die Republik ist, in der die Inquisition nichts zu sagen hat. Und das ist einiges wert für Sie, der Sie Astronom sind, also in einem Fach tätig, wo seit geraumer Zeit die Lehre der Kirche nicht mehr mit dem schuldigen Respekt geachtet wird!

GALILEI: Herrn Giordano Bruno haben Sie von hier nach Rom ausgeliefert. Weil er die Lehre des Kopernikus verbreitete.

DER KURATOR: Nicht, weil er die Lehre des Herrn Kopernikus verbreitete, die übrigens falsch ist, sondern weil er kein Venezianer war und auch keine Anstellung hier hatte. Sie können den Verbrannten also aus dem Spiele lassen. Nebenbei, bei aller Freiheit ist es doch rätlich, einen solchen Namen, auf dem der ausdrückliche Fluch der Kirche ruht, nicht so sehr laut in alle Winde zu rufen, auch hier nicht, ja, nicht einmal hier.

GALILEI: Euer Schutz der Gedankenfreiheit ist ein ganz gutes Geschäft, wie? Indem ihr darauf verweist, daß woanders die Inquisition herrscht und brennt, kriegt ihr hier billig gute Lehrkräfte. Den Schutz vor der Inquisition laßt ihr euch damit vergüten, daß ihr die schlechtesten Gehälter zahlt.

DER KURATOR: Ungerecht! Ungerecht! Was würde es Ihnen schon nützen, beliebig viel freie Zeit zur Forschung zu haben, wenn jeder beliebige ungebildete Mönch der Inquisition Ihre Gedanken einfach verbieten könnte? Keine Rose ohne Dornen, keine Fürsten ohne Mönche, Herr Galilei!

GALILEI: Und was nützt freie Forschung ohne freie Zeit zu forschen? Was geschieht mit den Ergebnissen? Vielleicht zeigen Sie den Herren von der Signoria einmal diese Untersuchungen über die Fallgesetze — *er weist auf ein Bündel Manuskripte* — und fragen sie, ob das nicht ein paar Skudi mehr wert ist!

DER KURATOR: Es ist unendlich viel mehr wert, Herr Galilei.

GALILEI: Nicht unendlich viel mehr wert, sondern 500 Skudi mehr, Herr.

DER KURATOR: Skudi wert ist nur, was Skudi bringt. Wenn Sie Geld haben wollen, müssen Sie etwas anderes vorzeigen. Sie können für das Wissen, das Sie verkaufen, nur so viel verlangen, als es dem, der es Ihnen abkauft, einbringt. Die Philosophie zum Beispiel, die Herr Colombe in Florenz verkauft, bringt dem Fürsten mindestens 10,000 Skudi im Jahr ein. Ihre Fallgesetze haben Staub aufgewirbelt, gewiß. Man klatscht Ihnen Beifall in Paris und Prag. Aber die Herren, die da klatschen, bezahlen der Universität Padua nicht, was Sie sie kosten. Ihr Unglück ist Ihr Fach, Herr Galilei.

GALILEI: Ich verstehe: freier Handel, freie Forschung. Freier Handel mit der Forschung, wie?

DER KURATOR: Aber Herr Galilei! Welch eine Auffassung! Erlauben Sie mir zu sagen, daß ich Ihre spaßhaften Bemerkungen nicht ganz verstehe. Der blühende Handel der Republik erscheint mir kaum als etwas Verächtliches. Noch viel weniger aber vermöchte ich als langjähriger Kurator der Universität in diesem, darf ich es sagen, frivolen Ton von der Forschung zu sprechen. *Während Galilei sehnsüchtige Blicke nach seinem Arbeitstisch schickt:* Bedenken Sie die Zustände ringsum! Die Sklaverei, unter deren Peitsche die Wissenschaften an gewissen Orten seufzen! Aus alten Lederfolianten hat man dort Peitschen geschnitten. Man muß dort nicht wissen, wie der Stein fällt, sondern was der Aristoteles darüber schreibt. Die Augen hat man nur zum Lesen. Wozu neue Fallgesetze, wenn nur die Gesetze des Fußfalls wichtig sind? Halten Sie dagegen die unendliche Freude, mit der unsere Republik Ihre Gedanken, sie mögen so kühn sein, wie sie wollen, aufnimmt! Hier können Sie forschen! Hier können Sie arbeiten! Niemand überwacht Sie, niemand unterdrückt Sie! Unsere Kaufleute, die wissen, was besseres Leinen im Kampf mit der Florentiner Konkurrenz bedeutet, hören mit Interesse Ihren Ruf „Bessere Physik!", und wieviel verdankt die Physik dem Schrei nach besseren Webstühlen! Unsere hervorragendsten Bürger interessieren sich für Ihre Forschungen, besuchen Sie, lassen sich Ihre Entdeckungen vorführen, Leute, deren Zeit kostbar ist. Verachten Sie nicht den Handel, Herr Galilei. Niemand würde hier dulden, daß Ihre Arbeit auch nur im geringsten gestört wird, daß Unberufene Ihnen Schwierigkeiten bereiten. Geben Sie zu, Herr Galilei, daß Sie hier arbeiten können!

GALILEI *verzweifelt:* Ja.

DER KURATOR: Und was das Materielle angeht: machen Sie doch mal wieder was so Hübsches wie Ihren famosen Proportionalzirkel, mit dem man — *er zählt es an den Fingern ab* — ohne alle mathematischen Kenntnisse Linien auszuziehen, die Zinseszinsen eines Kapitals berechnen, Grundrisse von Liegenschaften in verkleinertem oder vergrößertem Maßstab reproduzieren und die Schwere von Kanonenkugeln bestimmen kann.

GALILEI: Schnickschnack.

DER KURATOR: Etwas, was die höchsten Herren entzückt und in Erstaunen gesetzt hat und was Bargeld getragen hat, nennen Sie Schnickschnack. Ich höre, daß sogar der General Stefano Gritti mit diesem Instrument Wurzeln ausziehen kann!

GALILEI: Wahrhaftig ein Wunderwerk! — Trotzdem, Priuli, Sie haben mich nachdenklich gemacht. Priuli, ich habe vielleicht etwas für Sie von der erwähnten Art. *Er nimmt das Blatt mit der Skizze auf.*

DER KURATOR: Ja? Das wäre die Lösung. *Steht auf.* Herr Galilei, wir wissen, Sie sind ein großer Mann. Ein großer, aber unzufriedener Mann, wenn ich so sagen darf.

GALILEI: Ja, ich bin unzufrieden, und das ist es, was ihr mir noch bezahlen würdet, wenn ihr Verstand hättet! Denn ich bin mit mir unzufrieden. Aber statt dessen sorgt ihr, daß ich es mit euch sein muß. Ich gebe es zu, es macht mir Spaß, ihr meine Herren Venezianer, in eurem berühmten Arsenal, den Werften und Artilleriezeughäusern meinen Mann zu stellen. Aber ihr laßt mir keine Zeit, den weiterführenden Spekulationen nachzugehen, welche sich mir dort für mein Wissensgebiet aufdrängen. Ihr verbindet dem Ochsen, der da drischt, das Maul. Ich bin 46 Jahre alt und habe nichts geleistet, was mich befriedigt.

DER KURATOR: Da möchte ich Sie nicht länger stören.

GALILEI: Danke.

Der Kurator ab.
Galilei bleibt einige Augenblicke allein und beginnt zu arbeiten.
Dann kommt Andrea gelaufen.

GALILEI *im Arbeiten:* Warum hast du den Apfel nicht gegessen?

ANDREA: Damit zeige ich ihr doch, daß sie sich dreht.

GALILEI: Ich muß dir etwas sagen, Andrea, sprich nicht zu andern Leuten von unsern Ideen.

ANDREA: Warum nicht?

GALILEI: Die Obrigkeit hat es verboten.

ANDREA: Aber es ist doch die Wahrheit.

GALILEI: Aber sie verbietet es. — In diesem Fall kommt noch etwas dazu. Wir Physiker können immer noch nicht beweisen, was wir für richtig halten. Selbst die Lehre des großen Kopernikus ist noch nicht bewiesen. Sie ist nur eine Hypothese. Gib mir die Linsen.

ANDREA: Der halbe Skudo hat nicht gereicht. Ich mußte meinen Rock dalassen. Pfand.

GALILEI: Was wirst du ohne Rock im Winter machen?

Pause. Galilei ordnet die Linsen auf dem Blatt mit der Skizze an.

ANDREA: Was ist eine Hypothese?

GALILEI: Das ist, wenn man etwas als wahrscheinlich annimmt, aber keine Fakten hat. Daß die Felice dort unten, vor dem Korbmacherladen, die ihr Kind an der Brust hat, dem Kind Milch gibt und nicht etwa Milch von ihm empfängt, das ist so lange eine Hypothese, als man nicht hingehen und es sehen und beweisen kann. Den Gestirnen gegenüber sind wir wie Würmer mit trüben Augen, die nur ganz wenig sehen. Die alten Lehren, die tausend Jahre geglaubt wurden, sind ganz baufällig; an diesen riesigen Gebäuden ist weniger Holz als an den Stützen, die sie halten sollen. Viele Gesetze, die weniges erklären, während die neue Hypothese wenige Gesetze hat, die vieles erklären.

ANDREA: Aber Sie haben mir alles bewiesen.

GALILEI: Nur, daß es so sein kann. Du verstehst, die Hypothese ist sehr schön, und es spricht nichts dagegen.

ANDREA: Ich möchte auch Physiker werden, Herr Galilei.

GALILEI: Das glaube ich, angesichts der Unmenge von Fragen, die es auf unserm Gebiet zu klären gibt. *Er ist zum Fenster gegangen und hat durch die Linsen geschaut. Mäßig interessiert:* Schau einmal da durch, Andrea.

ANDREA: Heilige Maria, alles kommt nah. Die Glocke auf dem Campanile ganz nah. Ich kann sogar die kupfernen Lettern lesen: Gracia dei.

GALILEI: Das bringt uns 500 Skudi.

2

GALILEI ÜBERREICHT DER REPUBLIK VENEDIG EINE NEUE
ERFINDUNG.

> Groß ist nicht alles, was ein großer Mann tut
> Und Galilei aß gern gut.
> Nun hört, und seid nicht grimm darob
> Die Wahrheit übers Teleskop.

Das Große Arsenal von Venedig am Hafen

*Ratsherren, an ihrer Spitze der Doge. Seitwärts Galileis Freund
Sagredo und die fünfzehnjährige Virginia Galilei mit einem
Samtkissen, auf dem ein etwa 60 Zentimeter langes Fernrohr in
karmesinrotem Lederfutteral liegt. Auf einem Podest Galilei.
Hinter sich das Gestell für das Fernrohr, betreut von dem
Linsenschleifer Federzoni.*

GALILEI: Eure Exzellenz, Hohe Signoria! Als Lehrer der
Mathematik an Ihrer Universität in Padua und Direktor
Ihres Großen Arsenals hier in Venedig habe ich es stets als
meine Aufgabe betrachtet, nicht nur meinem hohen Lehrauftrag zu genügen, sondern auch durch nützliche Erfin-
dungen der Republik Venedig außergewöhnliche Vorteile zu
schaffen. Mit tiefer Freude und aller schuldigen Demut kann
ich Ihnen heute ein vollkommen neues Instrument vorführen
und überreichen, mein Fernrohr oder Teleskop, angefertigt
in Ihrem weltberühmten Großen Arsenal, nach den höchsten
wissenschaftlichen und christlichen Grundsätzen, Frucht
siebenzehnjähriger geduldiger Forschung Ihres ergebenen
Dieners.

*Galilei verläßt das Podest und stellt sich neben Sagredo.
Händeklatschen. Galilei verbeugt sich.*

GALILEI *leise zu Sagredo:* Zeitverlust!
SAGREDO *leise:* Du wirst deinen Fleischer bezahlen können,
Alter.

GALILEI: Ja, es wird ihnen Geld einbringen. *Er verbeugt sich wieder.*

DER KURATOR *betritt das Podest:* Exzellenz, Hohe Signoria! Wieder einmal bedeckt sich ein Ruhmesblatt im großen Buch der Künste mit venezianischen Schriftzeichen. *Höflicher Beifall.* Ein Gelehrter von Weltruf übergibt Ihnen, und Ihnen allein, hier ein höchst verkaufbares Rohr, es herzustellen und auf den Markt zu werfen, wie immer Sie belieben. *Stärkerer Beifall.* Und ist es Ihnen beigefallen, daß wir vermittels dieses Instruments im Kriege die Schiffe des Feinds nach Zahl und Art volle zwei Stunden früher erkennen werden als er die unsern, so daß wir, seine Stärke wissend, uns zur Verfolgung, zum Kampf oder zur Flucht zu entscheiden vermögen? *Sehr starker Beifall.* Und nun, Exzellenz, Hohe Signoria, bittet Herr Galilei Sie, dieses Instrument seiner Erfindung, dieses Zeugnis seiner Intuition, aus der Hand seiner reizenden Tochter entgegenzunehmen.

Musik. Virginia tritt vor, verbeugt sich, übergibt das Fernrohr dem Kurator, der es Federzoni übergibt. Federzoni legt es auf das Gestell und stellt es ein. Doge und Ratsherren besteigen das Podium und schauen durch das Rohr.

GALILEI *leise:* Ich kann dir nicht versprechen, daß ich den Karneval hier durchstehen werde. Die meinen hier, sie kriegen einen einträglichen Schnickschnack, aber es ist viel mehr. Ich habe das Rohr gestern nacht auf den Mond gerichtet.

SAGREDO: Was hast du gesehen?

GALILEI: Er leuchtet nicht selbst.

SAGREDO: Was?

RATSHERREN: Ich kann die Befestigungen von Santa Rosita sehen, Herr Galilei. — Auf dem Boot dort essen sie zu Mittag. Bratfisch. Ich habe Appetit.

GALILEI: Ich sage dir, die Astronomie ist seit tausend Jahren stehengeblieben, weil sie kein Fernrohr hatten.

RATSHERR: Herr Galilei!

SAGREDO: Man wendet sich an dich.

RATSHERR: Mit dem Ding sieht man zu gut. Ich werde meinen
    Frauenzimmern sagen müssen, daß das Baden auf dem Dach
    nicht mehr geht.
GALILEI: Weißt du, aus was die Milchstraße besteht?
SAGREDO: Nein.
GALILEI: Ich weiß es.
RATSHERR: Für so ein Ding kann man seine 10 Skudi ver-
    langen, Herr Galilei.

Galilei verbeugt sich.

VIRGINIA *bringt Ludovico zu ihrem Vater:* Ludovico will dir
    gratulieren, Vater.
LUDOVICO *verlegen:* Ich gratuliere, Herr.
GALILEI: Ich habe es verbessert.
LUDOVICO: Jawohl, Herr. Ich sah, Sie machten das Futteral
    rot. In Holland war es grün.
GALILEI *wendet sich zu Sagredo:* Ich frage mich sogar, ob ich
    mit dem Ding nicht eine gewisse Lehre nachweisen kann.
SAGREDO: Nimm dich zusammen.
DER KURATOR: Ihre 500 Skudi sind unter Dach, Galilei.
GALILEI *ohne ihn zu beachten:* Ich bin natürlich sehr miß-
    trauisch gegen jede vorschnelle Folgerung.

*Der Doge, ein dicker bescheidener Mann, hat sich Galilei
genähert und versucht mit unbeholfener Würde ihn anzureden.*

DER KURATOR: Herr Galilei, seine Exzellenz, der Doge.

Der Doge schüttelt Galilei die Hand.

GALILEI: Richtig, die 500! Sind Sie zufrieden, Exzellenz?
DOGE: Unglücklicherweise brauchen wir in der Republik
    immer einen Vorwand für unsere Stadtväter, um unseren
    Gelehrten etwas zukommen lassen zu können.
DER KURATOR: Andrerseits, wo bliebe sonst der Ansporn,
    Herr Galilei?
DOGE *lächelnd:* Wir brauchen den Vorwand.

*Der Doge und der Kurator führen Galilei zu den Ratsherren, die
ihn umringen. Virginia und Ludovico gehen langsam weg.*

VIRGINIA: Habe ich es richtig gemacht?

LUDOVICO: Ich fand es richtig.

VIRGINIA: Was hast du denn?

LUDOVICO: Oh, nichts. Ein grünes Futteral wäre vielleicht ebensogut gewesen.

VIRGINIA: Ich glaube, alle sind sehr zufrieden mit Vater.

LUDOVICO: Und ich glaube, ich fange an, etwas von Wissenschaft zu verstehen.

3

10. Januar 1610: Vermittels des Fernrohrs entdeckt Galilei am Himmel Erscheinungen, welche das Kopernikanische System beweisen. Von seinem Freund vor den möglichen Folgen seiner Forschungen gewarnt, bezeugt Galilei seinen Glauben an die menschliche Vernunft.

> Sechzehnhundertzehn, zehnter Januar
> Galileo Galilei sah, daß kein Himmel war.

Studierzimmer des Galilei in Padua

Nacht. Galilei und Sagredo, in dicke Mäntel gehüllt, am Fernrohr.

SAGREDO *durch das Fernrohr schauend, halblaut:* Der Sichelrand ist ganz unregelmäßig, zackig und rauh. Auf dem dunklen Teil, in der Nähe des leuchtenden Rands, sind leuchtende Punkte. Sie treten einer nach dem anderen hervor. Von diesen Punkten aus ergießt sich das Licht, wachsend über immer weitere Flächen, wo es zusammenfließt mit dem größeren leuchtenden Teil.

GALILEI: Wie erklärst du dir diese leuchtenden Punkte?

SAGREDO: Es kann nicht sein.

GALILEI: Doch. Es sind Berge.

SAGREDO: Auf einem Stern?

GALILEI: Riesenberge. Deren Spitzen die aufgehende Sonne vergoldet, während rings Nacht auf den Abhängen liegt. Du siehst das Licht von den höchsten Gipfeln in die Täler niedersteigen.

SAGREDO: Aber das widerspricht aller Astronomie von zwei Jahrtausenden.

GALILEI: So ist es. Was du siehst, hat noch kein Mensch gesehen, außer mir. Du bist der zweite.

SAGREDO: Aber der Mond kann keine Erde sein mit Bergen und Tälern, so wenig die Erde ein Stern sein kann.

GALILEI: Der Mond kann eine Erde sein mit Bergen und

34

Tälern, und die Erde kann ein Stern sein. Ein gewöhnlicher Himmelskörper, einer unter Tausenden. Sieh noch einmal hinein. Siehst du den verdunkelten Teil des Mondes ganz dunkel?

SAGREDO: Nein. Jetzt, wo ich darauf achtgebe, sehe ich ein schwaches, aschfarbenes Licht darauf ruhen.

GALILEI: Was kann das für ein Licht sein?

SAGREDO: ?

GALILEI: Das ist von der Erde.

SAGREDO: Das ist Unsinn. Wie soll die Erde leuchten, mit ihren Gebirgen und Wäldern und Gewässern, ein kalter Körper?

GALILEI: So wie der Mond leuchtet. Weil die beiden Sterne angeleuchtet sind von der Sonne, darum leuchten sie. Was der Mond uns ist, das sind wir dem Mond. Und er sieht uns einmal als Sichel, einmal als Halbkreis, einmal voll und einmal nicht.

SAGREDO: So wäre kein Unterschied zwischen Mond und Erde?

GALILEI: Offenbar nein.

SAGREDO: Vor noch nicht zehn Jahren ist ein Mensch in Rom verbrannt worden. Er hieß Giordano Bruno und hatte eben das behauptet.

GALILEI: Gewiß. Und wir sehen es. Laß dein Auge am Rohr, Sagredo. Was du siehst, ist, daß es keinen Unterschied zwischen Himmel und Erde gibt. Heute ist der 10. Januar 1610. Die Menschheit trägt in ihr Journal ein: Himmel abgeschafft.

SAGREDO: Das ist furchtbar.

GALILEI: Ich habe noch eine Sache entdeckt. Sie ist vielleicht noch erstaunlicher.

SARTI *herein:* Der Kurator.

Der Kurator stürzt herein.

DER KURATOR: Entschuldigen Sie die späte Stunde. Ich wäre Ihnen verpflichtet, wenn ich mit Ihnen allein sprechen könnte.

GALILEI: Herr Sagredo kann alles hören, was ich hören kann
Herr Priuli.

DER KURATOR: Aber es wird Ihnen vielleicht doch nicht angenehm sein, wenn der Herr hört, was vorgefallen ist. Es ist
leider etwas ganz und gar Unglaubliches.

GALILEI: Herr Sagredo ist es gewohnt, in meiner Gegenwart
Unglaublichem zu begegnen, wissen Sie.

DER KURATOR: Ich fürchte, ich fürchte. *Auf das Fernrohr
zeigend:* Da ist ja das famose Ding. Das Ding können sie
grade so gut wegwerfen. Es ist nichts damit, absolut nichts.

SAGREDO *der unruhig herumgegangen war:* Wieso?

DER KURATOR: Wissen Sie, daß man diese Ihre Erfindung, die
Sie als Frucht einer siebzehnjährigen Forschertätigkeit be-
zeichnet haben, an jeder Straßenecke Italiens für ein paar
Skudi kaufen kann? Und zwar hergestellt in Holland? In
diesem Augenblick lädt im Hafen ein holländischer Frachter
500 Fernrohre aus!

GALILEI: Tatsächlich?

DER KURATOR: Ich verstehe nicht Ihre Ruhe, Herr.

SAGREDO: Was bekümmert Sie eigentlich? Lassen Sie sich
erzählen, daß Herr Galilei vermittels dieses Instruments in
eben diesen Tagen umwälzende Entdeckungen die Gestirn-
welt betreffend gemacht hat.

GALILEI *lachend:* Sie können durchsehen, Priuli.

DER KURATOR: So lassen Sie sich erzählen, daß mir die Entdeckung genügt, die ich als der Mann, der für diesen Schund
Herrn Galilei eine Gehaltsverdoppelung verschafft hat, gemacht habe. Es ist ein reiner Zufall, daß die Herren von der
Signoria, die im Glauben, in diesem Instrument der Republik
etwas zu sichern, was nur hier hergestellt werden kann, nicht
beim ersten Durchblicken an der nächsten Straßenecke
siebenmal vergrößert einen gewöhnlichen Straßenhändler
erblickt haben, der eben dieses Rohr für ein Butterbrot
verkauft.

Galilei lacht schallend.

SAGREDO: Lieber Herr Priuli, ich kann den Wert dieses Instru-

ments für den Handel vielleicht nicht beurteilen, aber sein
Wert für die Philosophie ist so unermeßlich, daß . . .

DER KURATOR: Für die Philosophie! Was hat Herr Galilei,
der Mathematiker ist, mit der Philosophie zu schaffen? Herr
Galilei, Sie haben seinerzeit der Stadt eine sehr anständige
Wasserpumpe erfunden, und Ihre Berieselungsanlage funk-
tioniert. Die Tuchweber loben Ihre Maschine ebenfalls, wie
konnte ich da so was erwarten?

GALILEI: Nicht so schnell, Priuli. Die Seewege sind immer
noch lang, unsicher und teuer. Es fehlt uns eine Art zu-
verlässiger Uhr am Himmel. Ein Wegweiser für die Navigation. Nun habe ich Grund zu der Annahme, daß mit dem
Fernrohr gewisse Gestirne, die sehr regelmäßige Bewegungen
vollführen, deutlich wahrgenommen werden können. Neue
Sternkarten könnten da der Schiffahrt Millionen von Skudi
ersparen, Priuli.

DER KURATOR: Lassen Sie's. Ich habe Ihnen schon zuviel zu-
gehört. Zum Dank für meine Freundlichkeit haben Sie mich
zum Gelächter der Stadt gemacht. Ich werde im Gedächtnis
fortleben als der Kurator, der sich mit einem wertlosen Fernrohr hereinlegen ließ. Sie haben allen Grund zu lachen. Sie
haben Ihre 500 Skudi. Ich aber kann Ihnen sagen, und es ist
ein ehrlicher Mann, der Ihnen das sagt: mich ekelt diese
Welt an!

Er geht, die Tür hinter sich zuschlagend.

GALILEI: In seinem Zorn wird er geradezu sympathisch. Hast
du gehört: eine Welt, in der man nicht Geschäfte machen
kann, ekelt ihn an!

SAGREDO: Hast du gewußt von diesen holländischen Instru-
menten?

GALILEI: Natürlich, vom Hörensagen. Aber ich habe diesen
Filzen von der Signoria ein doppelt so gutes konstruiert.
Wie soll ich arbeiten, mit dem Gerichtsvollzieher in der
Stube? Und Virginia braucht wirklich bald eine Aussteuer,
sie ist nicht intelligent. Und dann, ich kaufe gern Bücher,
nicht nur über Physik, und ich esse gern anständig. Bei

gutem Essen fällt mir am meisten ein. Ein verrottetes Zeitalter! Sie haben mir nicht so viel bezahlt wie einem Kutscher,
der ihnen die Weinfässer fährt. Vier Klafter Brennholz für
zwei Vorlesungen über Mathematik. Ich habe ihnen jetzt
500 Skudi herausgerissen, aber ich habe auch jetzt noch
Schulden, einige sind zwanzig Jahre alt. Fünf Jahre Muße
für Forschung, und ich hätte alles bewiesen! Ich werde dir
noch etwas anderes zeigen.

SAGREDO *zögert, an das Fernrohr zu gehen:* Ich verspüre
beinahe etwas wie Furcht, Galilei.

GALILEI: Ich werde dir jetzt einen der milchweiß glänzenden
Nebel der Milchstraße vorführen. Sage mir, aus was er
besteht!

SAGREDO: Das sind Sterne, unzählige.

GALILEI: Allein im Sternbild des Orion sind es 500 Fixsterne.
Das sind die vielen Welten, die zahllosen anderen, die ent-
fernteren Gestirne, von denen der Verbrannte gesprochen
hat. Er hat sie nicht gesehen, er hat sie erwartet!

SAGREDO: Aber selbst wenn diese Erde ein Stern ist, so ist es
noch ein weiter Weg zu den Behauptungen des Kopernikus,
daß sie sich um die Sonne dreht. Da ist kein Gestirn am
Himmel, um das ein andres sich dreht. Aber um die Erde
dreht sich immer noch der Mond.

GALILEI: Sagredo, ich frage mich. Seit vorgestern frage ich
mich. Da ist der Jupiter. *Er stellt ihn ein.* Da sind nämlich
vier kleinere Sterne nahe bei ihm, die man nur durch das
Rohr sieht. Ich sah sie am Montag, nahm aber nicht besondere Notiz von ihrer Position. Gestern sah ich wieder nach.
Ich hätte schwören können, alle vier hatten ihre Position
geändert. Ich merkte sie mir an. Sie stehen wieder anders.
Was ist das? Ich sah doch vier. *In Bewegung:* Sieh du durch!

SAGREDO: Ich sehe drei.

GALILEI: Wo ist der vierte? Da sind die Tabellen. Wir müssen
ausrechnen, was für Bewegungen sie gemacht haben können.

*Sie setzen sich erregt zur Arbeit. Es wird dunkel auf der Bühne,
jedoch sieht man weiter am Rundhorizont den Jupiter und seine*

Begleitsterne. Wenn es wieder hell wird, sitzen sie immer noch mit Wintermänteln an.

GALILEI: Es ist bewiesen. Der vierte kann nur hinter den Jupiter gegangen sein, wo man ihn nicht sieht. Da hast du ein Gestirn, um das ein anderes sich dreht.

SAGREDO: Aber die Kristallschale, an die der Jupiter angeheftet ist?

GALILEI: Ja, wo ist sie jetzt? Wie kann der Jupiter angeheftet sein, wenn andere Sterne um ihn kreisen? Da ist keine Stütze im Himmel, da ist kein Halt im Weltall! Da ist eine andere Sonne!

SAGREDO: Beruhige dich. Du denkst zu schnell.

GALILEI: Was, schnell! Mensch, reg dich auf! Was du siehst, hat noch keiner gesehen. Sie hatten recht!

SAGREDO: Wer? Die Kopernikaner?

GALILEI: Und der andere! Die ganze Welt war gegen sie, und sie hatten recht. Das ist was für Andrea! *Er läuft außer sich zur Tür und ruft hinaus:* Frau Sarti! Frau Sarti!

SAGREDO: Galilei, du sollst dich beruhigen!

GALILEI: Sagredo, du sollst dich aufregen! Frau Sarti!

SAGREDO *dreht das Fernrohr weg:* Willst du aufhören, wie ein Narr herumzubrüllen?

GALILEI: Willst du aufhören, wie ein Stockfisch dazustehen, wenn die Wahrheit entdeckt ist?

SAGREDO: Ich stehe nicht wie ein Stockfisch, sondern ich zittere, es könnte die Wahrheit sein.

GALILEI: Was?

SAGREDO: Hast du allen Verstand verloren? Weißt du wirklich nicht mehr, in was für eine Sache du kommst, wenn das wahr ist, was du da siehst? Und du es auf allen Märkten herumschreist: daß die Erde ein Stern ist und nicht der Mittelpunkt des Universums.

GALILEI: Ja, und daß nicht das ganze riesige Weltall mit allen Gestirnen sich um unsere winzige Erde dreht, wie jeder sich denken konnte!

SAGREDO: Daß da also nur Gestirne sind! — Und wo ist dann Gott?

GALILEI: Was meinst du damit?

SAGREDO: Gott! Wo ist Gott?

GALILEI *zornig:* Dort nicht! So wenig wie er hier auf der Erde zu finden ist, wenn dort Wesen sind und ihn hier suchen sollten!

SAGREDO: Und wo ist also Gott?

GALILEI: Bin ich Theologe? Ich bin Mathematiker.

SAGREDO: Vor allem bist du ein Mensch. Und ich frage dich, wo ist Gott in deinem Weltsystem?

GALILEI: In uns oder nirgends!

SAGREDO *schreiend:* Wie der Verbrannte gesagt hat?

GALILEI: Wie der Verbrannte gesagt hat!

SAGREDO: Darum ist er verbrannt worden! Vor noch nicht zehn Jahren!

GALILEI: Weil er nichts beweisen konnte! Weil er es nur behauptet hat! Frau Sarti!

SAGREDO: Galilei, ich habe dich immer als einen schlauen Mann gekannt. Siebzehn Jahre in Padua und drei Jahre in Pisa hast du Hunderte von Schülern geduldig das Ptolemäische System gelehrt, das die Kirche verkündet und die Schrift bestätigt, auf der die Kirche beruht. Du hast es für falsch gehalten mit dem Kopernikus, aber du hast es gelehrt.

GALILEI: Weil ich nichts beweisen konnte.

SAGREDO *ungläubig:* Und du glaubst, das macht einen Unterschied?

GALILEI: Allen Unterschied! Sieh her, Sagredo! Ich glaube an den Menschen, und das heißt, ich glaube an seine Vernunft! Ohne diesen Glauben würde ich nicht die Kraft haben, am Morgen aus meinem Bett aufzustehen.

SAGREDO: Dann will ich dir etwas sagen: ich glaube nicht an sie. Vierzig Jahre unter den Menschen haben mich ständig gelehrt, daß sie der Vernunft nicht zugänglich sind. Zeige ihnen einen roten Kometenschweif, jage ihnen eine dumpfe Angst ein, und sie werden aus ihren Häusern laufen und sich die Beine brechen. Aber sage ihnen einen vernünftigen Satz und beweise ihn mit sieben Gründen, und sie werden dich einfach auslachen.

GALILEI: Das ist ganz falsch und eine Verleumdung. Ich begreife nicht, wie du, so etwas glaubend, die Wissenschaft lieben kannst. Nur die Toten lassen sich nicht mehr von Gründen bewegen!

SAGREDO: Wie kannst du ihre erbärmliche Schlauheit mit Vernunft verwechseln!

GALILEI: Ich rede nicht von ihrer Schlauheit. Ich weiß, sie nennen den Esel ein Pferd, wenn sie ihn verkaufen, und das Pferd einen Esel, wenn sie es einkaufen wollen. Das ist ihre Schlauheit. Die Alte, die am Abend vor der Reise dem Maulesel mit der harten Hand ein Extrabüschel Heu vorlegt, der Schiffer, der beim Einkauf der Vorräte des Sturmes und der Windstille gedenkt, das Kind, das die Mütze aufstülpt, wenn ihm bewiesen wurde, daß es regnen kann, sie alle sind meine Hoffnung, sie alle lassen Gründe gelten. Ja, ich glaube an die sanfte Gewalt der Vernunft über die Menschen. Sie können ihr auf die Dauer nicht widerstehen. Kein Mensch kann lange zusehen, wie ich — *er läßt aus der Hand einen Stein auf den Boden fallen* — einen Stein fallen lasse und dazu sage: er fällt nicht. Dazu ist kein Mensch imstande. Die Verführung, die von einem Beweis ausgeht, ist zu groß. Ihr erliegen die meisten, auf die Dauer alle. Das Denken gehört zu den größten Vergnügungen der menschlichen Rasse.

FRAU SARTI *tritt ein:* Brauchen Sie etwas, Herr Galilei?

GALILEI *der wieder an seinem Fernrohr ist und Notizen macht, sehr freundlich:* Ja, ich brauche den Andrea.

FRAU SARTI: Andrea? Er liegt im Bett und schläft.

GALILEI: Können Sie ihn nicht wecken?

FRAU SARTI: Wozu brauchen Sie ihn denn?

GALILEI: Ich will ihm etwas zeigen, was ihn freuen wird. Er soll etwas sehen, was noch kein Mensch gesehen hat, seit die Erde besteht, außer uns.

FRAU SARTI: Etwa wieder etwas durch Ihr Rohr?

GALILEI: Etwas durch mein Rohr, Frau Sarti.

FRAU SARTI: Und darum soll ich ihn mitten in der Nacht

aufwecken? Sind Sie denn bei Trost? Er braucht seinen Nachtschlaf. Ich denke nicht daran, ihn aufzuwecken.

GALILEI: Bestimmt nicht?

FRAU SARTI: Bestimmt nicht.

GALILEI: Frau Sarti, vielleicht können dann Sie mir helfen. Sehen Sie, es ist eine Frage entstanden, über die wir uns nicht einig werden können, wahrscheinlich, weil wir zu viele Bücher gelesen haben. Es ist eine Frage über den Himmel, eine Frage die Gestirne betreffend. Sie lautet: ist es anzunehmen, daß das Große sich um das Kleine dreht, oder dreht wohl das Kleine sich um das Große?

FRAU SARTI *mißtrauisch:* Mit Ihnen kennt man sich nicht leicht aus, Herr Galilei. Ist das eine ernsthafte Frage, oder wollen Sie mich wieder einmal zum besten haben?

GALILEI: Eine ernste Frage.

FRAU SARTI: Dann können Sie schnell Antwort haben. Stelle ich Ihnen das Essen hin, oder stellen Sie es mir hin?

GALILEI: Sie stellen es mir hin. Gestern war es angebrannt.

FRAU SARTI: Und warum war es angebrannt? Weil ich Ihnen die Schuhe bringen mußte, mitten im Kochen. Habe ich Ihnen nicht die Schuhe gebracht?

GALILEI: Vermutlich.

FRAU SARTI: Sie sind es nämlich, der studiert hat und der bezahlen kann.

GALILEI: Ich sehe. Ich sehe, da ist keine Schwierigkeit. Guten Morgen, Frau Sarti.

Frau Sarti belustigt ab.

GALILEI: Und solche Leute sollen nicht die Wahrheit begreifen können? Sie schnappen danach!

Eine Frühmetteglocke hat begonnen zu bimmeln. Herein Virginia, im Mantel, ein Windlicht tragend.

VIRGINIA: Guten Morgen, Vater.

GALILEI: Warum bist du schon auf?

VIRGINIA: Ich gehe mit Frau Sarti zur Frühmette. Ludovico kommt auch hin. Wie war die Nacht, Vater?

GALILEI: Hell.

VIRGINIA: Darf ich durchschauen?

GALILEI: Warum? *Virginia weiß keine Antwort.* Es ist kein Spielzeug.

VIRGINIA: Nein, Vater.

GALILEI: Übrigens ist das Rohr eine Enttäuschung, das wirst du bald überall zu hören bekommen. Es wird für 3 Skudi auf der Gasse verkauft und ist in Holland schon erfunden gewesen.

VIRGINIA: Hast du nichts Neues mehr am Himmel mit ihm gesehen?

GALILEI: Nichts für dich. Nur ein paar kleine trübe Fleckchen an der linken Seite eines großen Sterns, ich werde irgendwie die Aufmerksamkeit auf sie lenken müssen. *Über seine Tochter zu Sagredo sprechend:* Vielleicht werde ich sie die „Mediceischen Gestirne" taufen, nach dem Großherzog von Florenz. *Wieder zu Virginia:* Es wird dich interessieren, Virginia, daß wir vermutlich nach Florenz ziehen. Ich habe einen Brief dorthin geschrieben, ob der Großherzog mich als Hofmathematiker brauchen kann.

VIRGINIA *strahlend:* Am Hof?

SAGREDO: Galilei!

GALILEI: Mein Lieber, ich brauche Muße. Ich brauche Beweise. Und ich will die Fleischtöpfe. Und in diesem Amt werde ich nicht Privatschülern das Ptolemäische System einpauken müssen, sondern die Zeit haben, Zeit, Zeit, Zeit, Zeit! meine Beweise auszuarbeiten, denn es genügt nicht, was ich jetzt habe. Das ist nichts, kümmerliches Stückwerk! Damit kann ich mich nicht vor die ganze Welt stellen. Da ist noch kein einziger Beweis, daß sich irgendein Himmelskörper um die Sonne dreht. Aber ich werde Beweise dafür bringen, Beweise für jedermann, von Frau Sarti bis hinauf zum Papst. Meine einzige Sorge ist, daß der Hof mich nicht nimmt.

VIRGINIA: Sicher wird man dich nehmen, Vater, mit den neuen Sternen und allem.

GALILEI: Geh in deine Messe.

Virginia ab.

GALILEI: Ich schreibe selten Briefe an große Persönlichkeiten. *Er gibt Sagredo einen Brief.* Glaubst du, daß ich es so gut gemacht habe?

SAGREDO *liest laut das Ende des Briefes, den ihm Galilei gereicht hat:* „Sehne ich mich doch nach nichts so sehr, als Euch näher zu sein, der aufgehenden Sonne, welche dieses Zeitalter erhellen wird." — Der Großherzog von Florenz ist neun Jahre alt.

GALILEI: So ist es. Ich sehe, du findest meinen Brief zu unterwürfig? Ich frage mich, ob er unterwürfig genug ist, nicht zu formell, als ob es mir doch an echter Ergebenheit fehlte. Einen zurückhaltenden Brief könnte jemand schreiben, der sich das Verdienst erworben hätte, den Aristoteles zu beweisen, nicht ich. Ein Mann wie ich kann nur auf dem Bauch kriechend in eine halbwegs würdige Stellung kommen. Und du weißt, ich verachte Leute, deren Gehirn nicht fähig ist, ihren Magen zu füllen.

Frau Sarti und Virginia gehen, an den Männern vorbei, zur Messe.

SAGREDO: Geh nicht nach Florenz, Galilei.

GALILEI: Warum nicht?

SAGREDO: Weil die Mönche dort herrschen.

GALILEI: Am Florentiner Hof sind Gelehrte von Ruf.

SAGREDO: Lakaien.

GALILEI: Ich werde sie bei den Köpfen nehmen und sie vor das Rohr schleifen. Auch die Mönche sind Menschen, Sagredo. Auch sie erliegen der Verführung der Beweise. Der Kopernikus, vergiß das nicht, hat verlangt, daß sie seinen Zahlen glauben, aber ich verlange nur, daß sie ihren Augen glauben. Wenn die Wahrheit zu schwach ist, sich zu verteidigen, muß sie zum Angriff übergehen. Ich werde sie bei den Köpfen nehmen und sie zwingen, durch dieses Rohr zu schauen.

SAGREDO: Galilei, ich sehe dich auf einer furchtbaren Straße. Das ist eine Nacht des Unglücks, wo der Mensch die Wahrheit sieht. Und eine Stunde der Verblendung, wo er an die

Vernunft des Menschengeschlechts glaubt. Von wem sagt man, daß er sehenden Auges geht? Von dem, der ins Verderben geht. Wie könnten die Mächtigen einen frei herumlaufen lassen, der die Wahrheit weiß, und sei es eine über die entferntesten Gestirne! Meinst du, der Papst hört deine Wahrheit, wenn du sagst, er irrt, und hört nicht, daß er irrt? Glaubst du, er wird einfach in sein Tagebuch einschreiben: 10. Januar 1610 — Himmel abgeschafft? Wie kannst du aus der Republik gehen wollen, die Wahrheit in der Tasche, in die Fallen der Fürsten und Mönche mit deinem Rohr in der Hand? So mißtrauisch in deiner Wissenschaft, bist du leichtgläubig wie ein Kind in allem, was dir ihr Betreiben zu erleichtern scheint. Du glaubst nicht an den Aristoteles, aber an den Großherzog von Florenz. Als ich dich vorhin am Rohr sah und du sahst diese neuen Sterne, da war es mir, als sähe ich dich auf brennenden Scheiten stehen, und als du sagtest, du glaubst an die Beweise, roch ich verbranntes Fleisch. Ich liebe die Wissenschaft, aber mehr dich, meinen Freund. Geh nicht nach Florenz, Galilei!

GALILEI: Wenn sie mich nehmen, gehe ich.

Auf einem Vorhang erscheint die letzte Seite des Briefes:

Wenn ich den neuen Sternen, die ich entdeckt habe, den erhabenen Namen des Mediceischen Geschlechts zuteile, so bin ich mir bewußt, daß den Göttern und Heroen die Erhebung in den Sternenhimmel zur Verherrlichung gereicht hat, daß aber in diesem Fall umgekehrt der erhabene Name der Medici den Sternen unsterbliches Gedächtnis sichern wird. Ich aber bringe mich Euch in Erinnerung als einen aus der Zahl der treuesten und ergebensten Diener, der sich zur höchsten Ehre anrechnet, als Euer Untertan geboren zu sein.

Sehne ich mich doch nach nichts so sehr, als Euch näher zu sein, der aufgehenden Sonne, welche dieses Zeitalter erhellen wird.   Galileo Galilei

4

GALILEI HAT DIE REPUBLIK VENEDIG MIT DEM FLORENTINER HOF
VERTAUSCHT. SEINE ENTDECKUNGEN DURCH DAS FERNROHR
STOSZEN IN DER DORTIGEN GELEHRTENWELT AUF UNGLAUBEN.

Das Alte sagt: So wie ich bin, bin ich seit je.
Das Neue sagt: Bist du nicht gut, dann geh.

Haus des Galilei in Florenz

*Frau Sarti trifft in Galileis Studierzimmer Vorbereitungen zum
Empfang von Gästen. Ihr Sohn Andrea sitzt und räumt Sternkarten auf.*

FRAU SARTI: Seit wir glücklich in diesem gepriesenen Florenz
sind, hört das Buckeln und Speichellecken nicht mehr auf.
Die ganze Stadt zieht an diesem Rohr vorbei, und ich kann
dann den Fußboden aufwischen. Und nichts wird es helfen!
Wenn was dran wäre an diesen Entdeckungen, würden das
doch die geistlichen Herren am ehesten wissen. Ich war vier
Jahre bei Monsignore Filippo im Dienst und habe seine
Bibliothek nie ganz abstauben können. Lederbände bis zur
Decke und keine Gedichtchen! Und der gute Monsignore
hatte zwei Pfund Geschwüre am Hintern vom vielen Sitzen
über all der Wissenschaft, und ein solcher Mann soll nicht
Bescheid wissen? Und die große Besichtigung heute wird
eine Blamage, daß ich morgen wieder nicht dem Milchmann
ins Gesicht schauen kann. Ich wußte, was ich sagte, als ich
ihm riet, den Herren zuerst ein gutes Abendessen vorzu-
setzen, ein ordentliches Stück Lammfleisch, bevor sie über
sein Rohr gehen. Aber nein! *Sie ahmt Galilei nach:* „Ich
habe etwas anderes für sie."

Es klopft unten.

FRAU SARTI *schaut in den Spion am Fenster:* Um Gottes willen,
da ist schon der Großherzog. Und Galilei ist noch in der
Universität!

Sie läuft die Treppe hinunter und läßt den Großherzog von Toscana, Cosmo de Medici, mit dem Hofmarschall und zwei Hofdamen ein.

COSMO: Ich will das Rohr sehen.

DER HOFMARSCHALL: Vielleicht gedulden sich Eure Hoheit, bis Herr Galilei und die anderen Herren von der Universität gekommen sind. *Zu Frau Sarti:* Herr Galilei wollte die von ihm neu entdeckten und die Mediceischen genannten Sterne von den Herren Astronomen prüfen lassen.

COSMO: Sie glauben nicht an das Rohr, gar nicht. Wo ist es denn?

FRAU SARTI: Oben, im Arbeitszimmer.

Der Knabe nickt, zeigt die Treppe hinauf, und auf ein Nicken Frau Sartis läuft er hoch.

DER HOFMARSCHALL *ein sehr alter Mann:* Eure Hoheit! *Zu Frau Sarti:* Muß man da hinauf? Ich bin nur mitgekommen, weil der Erzieher erkrankt ist.

FRAU SARTI: Dem jungen Herrn kann nichts passieren. Mein Junge ist droben.

COSMO *oben eintretend:* Guten Abend.

Die Knaben verbeugen sich zeremoniell voreinander. Pause. Dann wendet sich Andrea wieder seiner Arbeit zu.

ANDREA *sehr ähnlich seinem Lehrer:* Hier geht es zu wie in einem Taubenschlag.

COSMO: Viele Besucher?

ANDREA: Stolpern hier herum, gaffen und verstehen nicht die Bohne.

COSMO: Verstehe. Ist das . . .? *Zeigt auf das Rohr.*

ANDREA: Ja, das ist es. Aber da heißt es: Finger weg.

COSMO: Und was ist das? *Er deutet auf das Holzmodell des Ptolemäischen Systems.*

ANDREA: Das ist das Ptolemäische.

COSMO: Das zeigt, wie die Sonne sich dreht, nicht?

ANDREA: Ja, das sagt man.

COSMO *sich auf einen Stuhl setzend, nimmt es auf den Schoß:* Mein Lehrer ist erkältet. Da konnte ich früher weg. Angenehm hier.

ANDREA *unruhig, geht schlendernd und unschlüssig, den fremden Jungen mißtrauisch anschauend, herum und fischt endlich, unfähig, der Versuchung länger zu widerstehen, ein zweites Holzmodell hinter Karten hervor, eine Darstellung des Kopernikanischen Systems:* Aber in Wirklichkeit ist es natürlich so.

COSMO: Was ist so?

ANDREA *auf Cosmos Modell zeigend:* So meint man, daß es ist, und so — *auf seines deutend* — ist es. Die Erde dreht sich um die Sonne, verstehen Sie?

COSMO: Meinst du wirklich?

ANDREA: Allerdings. Das ist bewiesen.

COSMO: Tatsächlich? Ich möchte wissen, warum sie mich zum Alten überhaupt nicht mehr hineinließen. Gestern war er noch bei der Abendtafel.

ANDREA: Sie scheinen es nicht zu glauben, was?

COSMO: Doch, natürlich.

ANDREA *plötzlich auf das Modell in Cosmos Schoß zeigend:* Gib das her, du verstehst ja nicht einmal das!

COSMO: Du brauchst doch nicht zwei.

ANDREA: Du sollst es hergeben. Das ist kein Spielzeug für Jungens.

COSMO: Ich habe nichts dagegen, es dir zu geben, aber du müßtest ein wenig höflicher sein, weißt du.

ANDREA: Du bist ein Dummkopf, und höflich hin oder her, raus damit, sonst setzt's was.

COSMO: Laß die Finger weg, hörst du.

Sie beginnen zu raufen und kugeln sich bald auf dem Boden.

ANDREA: Ich werde dir schon zeigen, wie man ein Modell behandelt. Ergib dich!

COSMO: Jetzt ist es entzweigegangen. Du drehst mir die Hand um.

ANDREA: Wir werden schon sehen, wer recht hat und wer nicht. Sag, sie dreht sich, sonst gibt's Kopfnüsse.

COSMO: Niemals. Au, du Rotkopf! Ich werde dir Höflichkeit beibringen.

ANDREA: Rotkopf? Bin ich ein Rotkopf?

Sie raufen schweigend weiter.
Unten treten Galilei und einige Professoren der Universität ein.
Hinter ihnen Federzoni.

DER HOFMARSCHALL: Meine Herren, eine leichte Erkrankung hielt den Erzieher Seiner Hoheit, Herrn Suri, ab, Seine Hoheit hierher zu begleiten.

DER THEOLOGE: Hoffentlich nichts Schlimmes.

DER HOFMARSCHALL: Ganz und gar nicht.

GALILEI *enttäuscht:* Seine Hoheit nicht hier?

DER HOFMARSCHALL: Seine Hoheit ist oben. Bitte die Herren, sich nicht aufhalten zu wollen. Der Hof ist so überaus begierig, die Meinung der erlauchten Universität über das außerordentliche Instrument Herrn Galileis und die wunderbaren neuen Gestirne kennenzulernen.

Sie gehen nach oben.
Die Knaben liegen jetzt still. Sie haben unten Lärm gehört.

COSMO: Sie sind da. Laß mich auf.

Sie stehen schnell auf.

DIE HERREN *im Hinaufgehen:* Nein, nein, es ist alles in schönster Ordnung. — Die Medizinische Fakultät erklärt es für ausgeschlossen, daß es sich bei den Erkrankungen in der Altstadt um Pestfälle handeln könnte. Die Miasmen müßten bei der jetzt herrschenden Temperatur erfrieren. — Das schlimmste in solchen Fällen ist immer Panik. — Nichts als die in dieser Jahreszeit üblichen Erkältungswellen. — Jeder Verdacht ist ausgeschlossen. — Alles in schönster Ordnung.

Begrüßung oben.

GALILEI: Eure Hoheit, ich bin glücklich, in Eurer Gegenwart die Herren Eurer Universität mit den Neuerungen bekannt machen zu dürfen.

Cosmo verbeugt sich sehr formell nach allen Seiten, auch vor Andrea.

DER THEOLOGE *das zerbrochene Ptolemäische Modell am Boden sehend:* Hier scheint etwas entzweigegangen.

Cosmo bückt sich rasch und übergibt Andrea höflich das Modell. Inzwischen räumt Galilei verstohlen das andere Modell beiseite.

GALILEI *am Fernrohr:* Wie Eure Hoheit zweifellos wissen, sind wir Astronomen seit einiger Zeit mit unseren Berechnungen in große Schwierigkeiten gekommen. Wir benützen dafür ein sehr altes System, das sich in Übereinstimmung mit der Philosophie, aber leider nicht mit den Fakten zu befinden scheint. Nach diesem alten System, dem Ptolemäischen, werden die Bewegungen der Gestirne als äußerst verwickelt angenommen. Der Planet Venus zum Beispiel soll eine Bewegung von dieser Art vollführen. *Er zeichnet auf eine Tafel die epizyklische Bahn der Venus nach der ptolemäischen Annahme.* Aber selbst solche schwierigen Bewegungen annehmend, sind wir nicht in der Lage, die Stellung der Gestirne richtig vorauszuberechnen. Wir finden sie nicht an den Orten, wo sie eigentlich sein müßten. Dazu kommen solche Gestirnbewegungen, für welche das Ptolemäische System überhaupt keine Erklärung hat. Bewegungen dieser Art scheinen mir einige von mir neu entdeckte kleine Sterne um den Planeten Jupiter zu vollführen. Ist es den Herren angenehm, mit einer Besichtigung der Jupitertrabanten zu beginnen, der Mediceischen Gestirne?

ANDREA *auf den Hocker vor dem Fernrohr zeigend:* Bitte, sich hier zu setzen.

DER PHILOSOPH: Danke, mein Kind. Ich fürchte, das alles ist nicht ganz so einfach. Herr Galilei, bevor wir Ihr berühmtes Rohr applizieren, möchten wir um das Vergnügen eines Disputs bitten. Thema: Können solche Planeten existieren?

DER MATHEMATIKER: Eines formalen Disputs.

GALILEI: Ich dachte mir, Sie schauen einfach durch das
Fernrohr und überzeugen sich?

ANDREA: Hier, bitte.

DER MATHEMATIKER: Gewiß, gewiß. — Es ist Ihnen natürlich
bekannt, daß nach der Ansicht der Alten Sterne nicht
möglich sind, die um einen anderen Mittelpunkt als die Erde
kreisen, noch solche Sterne, die im Himmel keine Stütze
haben?

GALILEI: Ja.

DER PHILOSOPH: Und, ganz absehend von der Möglichkeit
solcher Sterne, die der Mathematiker — *er verbeugt sich
gegen den Mathematiker* — zu bezweifeln scheint, möchte
ich in aller Bescheidenheit als Philosoph die Frage aufwerfen:
sind solche Sterne nötig? Aristotelis divini universum . . .

GALILEI: Sollten wir nicht in der Umgangssprache fort-
fahren? Mein Kollege, Herr Federzoni, versteht Latein
nicht.

DER PHILOSOPH: Ist es von Wichtigkeit, daß er uns versteht?

GALILEI: Ja.

DER PHILOSOPH: Entschuldigen Sie mich. Ich dachte, er ist
Ihr Linsenschleifer.

ANDREA: Herr Federzoni ist ein Linsenschleifer und ein
Gelehrter.

DER PHILOSOPH: Danke, mein Kind. Wenn Herr Federzoni
darauf besteht . . .

GALILEI: Ich bestehe darauf.

DER PHILOSOPH: Das Argument wird an Glanz verlieren,
aber es ist Ihr Haus. — Das Weltbild des göttlichen Aristoteles mit seinen mystisch musizierenden Sphären und kristallenen Gewölben und den Kreisläufen seiner Himmelskörper
und dem Schiefenwinkel der Sonnenbahn und den Geheim-
nissen der Satellitentafeln und dem Sternenreichtum des
Katalogs der südlichen Halbkugel und der erleuchteten
Konstruktion des celestialen Globus ist ein Gebäude von
solcher Ordnung und Schönheit, daß wir wohl zögern sollten,
diese Harmonie zu stören.

GALILEI: Wie, wenn Eure Hoheit die sowohl unmöglichen als

auch unnötigen Sterne nun durch dieses Fernrohr wahrnehmen würden?

DER MATHEMATIKER: Man könnte versucht sein zu antworten, daß Ihr Rohr, etwas zeigend, was nicht sein kann, ein nicht sehr verläßliches Rohr sein müßte, nicht?

GALILEI: Was meinen Sie damit?

DER MATHEMATIKER: Es wäre doch viel förderlicher, Herr Galilei, wenn Sie uns die Gründe nennten, die Sie zu der Annahme bewegen, daß in der höchsten Sphäre des unveränderlichen Himmels Gestirne freischwebend in Bewegung sein können.

DER PHILOSOPH: Gründe, Herr Galilei, Gründe!

GALILEI: Die Gründe? Wenn ein Blick auf die Gestirne selber und meine Notierungen das Phänomen zeigen? Mein Herr, der Disput wird abgeschmackt.

DER MATHEMATIKER: Wenn man sicher wäre, daß Sie sich nicht noch mehr erregten, könnte man sagen, daß, was in Ihrem Rohr ist und was am Himmel ist, zweierlei sein kann.

DER PHILOSOPH: Das ist nicht höflicher auszudrücken.

FEDERZONI: Sie denken, wir malten die Mediceischen Sterne auf die Linse!

GALILEI: Sie werfen mir Betrug vor?

DER PHILOSOPH: Aber wie könnten wir das? In Anwesenheit Seiner Hoheit!

DER MATHEMATIKER: Ihr Instrument, mag man es nun Ihr Kind, mag man es Ihren Zögling nennen, ist sicher äußerst geschickt gemacht, kein Zweifel!

DER PHILOSOPH: Und wir sind vollkommen überzeugt, Herr Galilei, daß weder Sie noch sonst jemand es wagen würde, Sterne mit dem erlauchten Namen des Herrscherhauses zu schmücken, deren Existenz nicht über allen Zweifel erhaben wäre.

Alle verbeugen sich tief vor dem Großherzog.

COSMO *sieht sich nach den Hofdamen um:* Ist etwas nicht in Ordnung mit meinen Sternen?

DIE ÄLTERE HOFDAME *zum Großherzog:* Es ist alles in Ordnung mit den Sternen Eurer Hoheit. Die Herren fragen sich nur, ob sie auch wirklich, wirklich da sind.

Pause.

DIE JÜNGERE HOFDAME: Man soll ja jedes Rad am Großen Wagen sehen können durch das Instrument.

FEDERZONI: Ja, und alles mögliche am Stier.

GALILEI: Werden die Herren nun also durchschauen oder nicht?

DER PHILOSOPH: Sicher, sicher.

DER MATHEMATIKER: Sicher.

Pause. Plötzlich wendet sich Andrea um und geht steif ab durch den ganzen Raum. Seine Mutter fängt ihn auf.

FRAU SARTI: Was ist los mit dir?

ANDREA: Sie sind dumm. *Er reißt sich los und läuft weg.*

DER PHILOSOPH: Bedauernswertes Kind.

DER HOFMARSCHALL: Eure Hoheit, meine Herren, darf ich daran erinnern, daß der Staatsball in dreiviertel Stunden beginnt?

DER MATHEMATIKER: Warum einen Eiertanz aufführen? Früher oder später wird Herr Galilei sich doch noch mit den Tatsachen befreunden müssen. Seine Jupiterplaneten würden die Sphärenschale durchstoßen. Es ist ganz einfach.

FEDERZONI: Sie werden sich wundern: es gibt keine Sphärenschale.

DER PHILOSOPH: Jedes Schulbuch wird Ihnen sagen, daß es sie gibt, mein guter Mann.

FEDERZONI: Dann her mit neuen Schulbüchern.

DER PHILOSOPH: Eure Hoheit, mein verehrter Kollege und ich stützen uns auf die Autorität keines Geringeren als des göttlichen Aristoteles selber.

GALILEI *fast unterwürfig:* Meine Herren, der Glaube an die Autorität des Aristoteles ist eine Sache, Fakten, die mit Händen zu greifen sind, eine andere. Sie sagen, nach dem Aristoteles gibt es dort oben Kristallschalen, und so können gewisse Bewegungen nicht stattfinden, weil die Gestirne die

Schalen durchstoßen müßten. Aber wie, wenn Sie diese Bewegungen konstatieren könnten? Vielleicht sagt Ihnen das, daß es diese Kristallschalen gar nicht gibt? Meine Herren, ich ersuche Sie in aller Demut, Ihren Augen zu trauen.

DER MATHEMATIKER: Lieber Galilei, ich pflege mitunter, so altmodisch es Ihnen erscheinen mag, den Aristoteles zu lesen und kann Sie dessen versichern, daß ich da meinen Augen traue.

GALILEI: Ich bin es gewohnt, die Herren aller Fakultäten sämtlichen Fakten gegenüber die Augen schließen zu sehen und so zu tun, als sei nichts geschehen. Ich zeige meine Notierungen, und man lächelt, ich stelle mein Fernrohr zur Verfügung, daß man sich überzeugen kann, und man zitiert Aristoteles. Der Mann hatte kein Fernrohr!

DER MATHEMATIKER: Allerdings nicht, allerdings nicht.

DER PHILOSOPH *groß:* Wenn hier Aristoteles in den Kot gezogen werden soll, eine Autorität, welche nicht nur die gesamte Wissenschaft der Antike, sondern auch die Hohen Kirchenväter selber anerkannten, so scheint jedenfalls mir eine Fortsetzung der Diskussion überflüssig. Unsachliche Diskussion lehne ich ab. Basta.

GALILEI: Die Wahrheit ist das Kind der lZeit, nicht der Autorität. Unsere Unwissenheit ist unendich, tragen wir einen Kubikmillimeter ab! Wozu jetzt noch so klug sein wollen, wenn wir endlich ein klein wenig weniger dumm sein können! Ich habe das unvorstellbare Glück gehabt, ein neues Instrument in die Hand zu bekommen, mit dem man ein Zipfelchen des Universums etwas, nicht viel, näher besehen kann. Benützen Sie es.

DER PHILOSOPH: Eure Hoheit, meine Damen und Herren, ich frage mich nur, wohin dies alles führen soll.

GALILEI: Ich würde meinen, als Wissenschaftler haben wir uns nicht zu fragen, wohin die Wahrheit uns führen mag.

DER PHILOSOPH *wild:* Herr Galilei, die Wahrheit mag uns zu allem möglichen führen!

GALILEI: Eure Hoheit. In diesen Nächten werden über ganz Italien Fernrohre auf den Himmel gerichtet. Die Monde des

Jupiter verbilligen nicht die Milch. Aber sie wurden nie je gesehen, und es gibt sie doch. Daraus zieht der Mann auf der Straße den Schluß, daß es noch vieles geben könnte, wenn er nur seine Augen aufmachte! Ihr seid ihm eine Bestätigung schuldig! Es sind nicht die Bewegungen einiger entfernter Gestirne, die Italien aufhorchen machen, sondern die Kunde, daß für unerschütterlich angesehene Lehren ins Wanken gekommen sind, und jedermann weiß, daß es deren zu viele gibt. Meine Herren, lassen Sie uns nicht erschütterte Lehren verteidigen!

FEDERZONI: Ihr als die Lehrer solltet das Erschüttern besorgen.

DER PHILOSOPH: Ich wünschte, Ihr Mann offerierte nicht Ratschläge in einem wissenschaftlichen Disput.

GALILEI: Eure Hoheit! Mein Werk in dem Großen Arsenal von Venedig brachte mich täglich zusammen mit Zeichnern, Bauleuten und Instrumentenmachern. Diese Leute haben mich manchen neuen Weg gelehrt. Unbelesen verlassen sie sich auf das Zeugnis ihrer fünf Sinne, furchtlos zumeist, wohin dies Zeugnis sie führen wird . . .

DER PHILOSOPH: Oho!

GALILEI: Sehr ähnlich unsern Seeleuten, die vor hundert Jahren unsere Küsten verließen, ohne zu wissen, was für andere Küsten sie erreichen würden, wenn überhaupt welche. Es scheint, daß man heute, um die hohe Neugierde zu finden, die den wahren Ruhm des alten Griechenland ausmachte, sich in die Schiffswerften begeben muß.

DER PHILOSOPH: Nach allem, was wir hier gehört haben, zweifle ich nicht länger, daß Herr Galilei in den Schiffswerften Bewunderer finden wird.

DER HOFMARSCHALL: Eure Hoheit, zu meiner Bestürzung stelle ich fest, daß sich die außerordentlich belehrende Unterhaltung ein wenig ausgedehnt hat. Seine Hoheit muß vor dem Hofball noch etwas ruhen.

Auf ein Zeichen verbeugt sich der Großherzog vor Galilei. Der Hof schickt sich schnell an zu gehen.

FRAU SARTI *stellt sich dem Großherzog in den Weg und bietet ihm einen Teller mit Bäckereien an:* Ein Kringel, Eure Hoheit?

Die ältere Hofdame führt den Großherzog hinaus.

GALILEI *hinterherlaufend:* Aber die Herren brauchten wirklich nur durch das Instrument zu schauen!

DER HOFMARSCHALL: Ihre Hoheit wird nicht versäumen, über Ihre Behauptungen die Meinung unseres größten lebenden Astronomen einzuholen, des Herrn Pater Christopher Clavius, Hauptastronom am Päpstlichen Collegium in Rom.

5

UNEINGESCHÜCHTERT AUCH DURCH DIE PEST SETZT GALILEI
SEINE FORSCHUNGEN FORT.

a

Galilei über seinen Aufzeichnungen am Fernrohr

Morgens früh.
Virginia herein mit einer Reisetasche.

GALILEI: Virginia! Ist etwas passiert?

VIRGINIA: Das Stift hat geschlossen, wir mußten sofort heim. In Arcetri gibt es fünf Pestfälle.

GALILEI *ruft:* Sarti!

VIRGINIA: Die Marktgasse hier ist seit heut nacht auch schon abgeriegelt. In der Altstadt sollen zwei Tote sein und drei liegen sterbend im Spital.

GALILEI: Sie haben wieder einmal alles bis zum letzten Augenblick verheimlicht.

FRAU SARTI *herein:* Was machst du hier?

VIRGINIA: Die Pest.

FRAU SARTI: Mein Gott! Ich packe. *Setzt sich.*

GALILEI: Packen Sie nichts. Nehmen Sie Virginia und Andrea! Ich hole meine Aufzeichnungen.

Er läuft eilig zurück an seinen Tisch und klaubt in größter Hast Papiere zusammen. Frau Sarti zieht Andrea, der gelaufen kommt, einen Mantel an und holt etwas Bettzeug und Essen herbei. Herein ein großherzoglicher Lakai.

LAKAI: Seine Hoheit hat der grassierenden Krankheit wegen die Stadt in Richtung auf Bologna verlassen. Er bestand jedoch darauf, daß Herrn Galilei die Möglichkeit geboten wird, sich ebenfalls in Sicherheit zu bringen. Die Kalesche ist in zwei Minuten vor der Tür.

FRAU SARTI *zu Virginia und Andrea:* Geht ihr sogleich hinaus. Hier, nehmt das mit.

ANDREA: Aber warum? Wenn du mir nicht sagst, warum, gehe ich nicht.

FRAU SARTI: Es ist die Pest, mein Kind.

VIRGINIA: Wir warten auf Vater.

FRAU SARTI: Herr Galilei, sind Sie fertig?

GALILEI *das Fernrohr in das Tischtuch packend:* Setzen Sie Virginia und Andrea in die Kalesche. Ich komme gleich.

VIRGINIA: Nein, wir gehen nicht ohne dich. Du wirst nie fertig werden, wenn du erst deine Bücher einpackst.

FRAU SARTI: Der Wagen ist da.

GALILEI: Sei vernünftig, Virginia, wenn ihr euch nicht hineinsetzt, fährt der Kutscher weg. Die Pest, das ist keine Kleinigkeit.

VIRGINIA *protestierend, während Frau Sarti sie und Andrea hinausführt:* Helfen Sie ihm mit den Büchern, sonst kommt er nicht.

FRAU SARTI *ruft von der Haustür:* Herr Galilei! Der Kutscher weigert sich zu warten.

GALILEI: Frau Sarti, ich glaube nicht, daß ich weg sollte. Da ist alles in Unordnung, wissen Sie, Aufzeichnungen von drei Monaten, die ich wegschmeißen kann, wenn ich sie nicht noch ein, zwei Nächte fortführe. Und diese Seuche ist ja überall.

FRAU SARTI: Herr Galilei! Komm sofort mit! Du bist wahnsinnig.

GALILEI: Sie müssen mit Virginia und Andrea fahren. Ich komme nach.

FRAU SARTI: In einer Stunde kommt niemand mehr hier weg. Du mußt kommen! *Horcht.* Er fährt! Ich muß ihn aufhalten. *Ab.*

Galilei geht hin und her. Frau Sarti kehrt zurück, sehr bleich, ohne ihr Bündel.

GALILEI: Was stehen Sie herum? Die Kalesche mit den Kindern fährt Ihnen noch weg.

FRAU SARTI: Sie sind weg. Virginia mußten sie festhalten. Man wird für die Kinder sorgen in Bologna. Aber wer soll Ihnen Ihr Essen hinstellen?

GALILEI: Du bist wahnsinnig. Wegen dem Kochen in der Stadt zu bleiben! . . . *Nimmt seine Aufzeichnungen in die Hand.* Glauben Sie von mir nicht, Frau Sarti, daß ich ein Narr bin. Ich kann diese Beobachtungen nicht im Stich lassen. Ich habe mächtige Feinde und muß Beweise für gewisse Behauptungen sammeln.

FRAU SARTI: Sie brauchen sich nicht zu entschuldigen. Aber vernünftig ist es nicht.

b
Vor Galileis Haus in Florenz

Heraus tritt Galilei und blickt die Straße hinunter. Zwei Nonnen kommen vorüber.

GALILEI *spricht sie an:* Können Sie mir sagen, Schwestern, wo ich Milch zu kaufen bekomme? Heute früh ist die Milchfrau nicht gekommen, und meine Haushälterin ist weg.

DIE EINE NONNE: Die Läden sind nur noch in der unteren Stadt offen.

DIE ANDERE NONNE: Sind Sie hier herausgekommen? *Galilei nickt.* Das ist diese Gasse!

Die beiden Nonnen bekreuzigen sich, murmeln den Englischen Gruß und laufen weg. Ein Mann kommt vorbei.

GALILEI *spricht ihn an:* Sind Sie nicht der Bäcker, der uns das Weißbrot bringt? *Der Mann nickt.* Haben Sie meine Haushälterin gesehen? Sie muß gestern abend weggegangen sein. Seit heute früh ist sie nicht mehr im Haus.

Der Mann schüttelt den Kopf.
Ein Fenster gegenüber geht auf und eine Frau schaut heraus.

DIE FRAU *schreiend:* Laufen Sie! Bei denen da drüben ist die Pest!

Der Mann läuft erschrocken weg.

GALILEI: Wissen Sie etwas über meine Haushälterin?

DIE FRAU: Ihre Haushälterin ist oben an der Straße niederge-brochen. Sie muß es gewußt haben. Darum ist sie weg. Solche Rücksichtslosigkeit! *Sie schlägt das Fenster zu.*

Kinder kommen die Straße herunter. Sie sehen Galilei und rennen schreiend weg. Galilei wendet sich, da kommen zwe Soldaten gelaufen, ganz in Eisen.

DIE SOLDATEN: Geh sofort ins Haus zurück!

Mit ihren langen Spießen schieben sie Galilei in sein Haus zurück. Hinter ihm verrammeln sie das Tor.

GALILEI *am Fenster:* Könnt ihr mir sagen, was mit der Frau geschehen ist?

DIE SOLDATEN: Sie werden auf den Anger geschafft.

DIE FRAU *erscheint wieder im Fenster:* Die ganze Gasse da hinten ist ja verseucht. Warum sperrt ihr nicht ab?

Die Soldaten ziehen einen Strick über die Straße.

DIE FRAU: Aber so kann ja auch in unser Haus keiner mehr! Hier braucht ihr doch nicht abzusperren. Hier ist doch alles gesund. Halt! Halt! So hört doch! Mein Mann ist doch in der Stadt, er kann ja nicht mehr zu uns! Ihr Tiere, ihr Tiere!

Man hört von innen her ihr Schluchzen und Schreien. Die Soldaten gehen ab. An einem anderen Fenster erscheint eine alte Frau.

GALILEI: Dort hinten muß es brennen.

DIE ALTE FRAU: Sie löschen nicht mehr, wenn Pestverdacht ist. Jeder denkt nur noch an die Pest.

GALILEI: Wie ihnen das gleich sieht! Das ist ihr ganzes Regierungssystem. Sie hauen uns ab wie den kranken Ast eines Feigenbaumes, der keine Frucht mehr bringen kann.

DIE ALTE FRAU: Das dürfen Sie nicht sagen. Sie sind nur hilflos.

GALILEI: Sind Sie allein im Haus?

DIE ALTE FRAU: Ja. Mein Sohn hat mir einen Zettel geschickt.

Er hat Gott sei Dank gestern abend schon erfahren, daß dort hinten wer gestorben ist, und ist nicht mehr heimgekommen. Es sind elf Fälle gewesen in der Nacht hier im Viertel.

GALILEI: Ich mache mir Vorwürfe, daß ich meine Haushälterin nicht rechtzeitig weggeschickt habe. Ich hatte eine dringende Arbeit, aber sie hatte keinen Grund zu bleiben.

DIE ALTE FRAU: Wir können ja auch nicht weg. Wer soll uns aufnehmen? Sie müssen sich keine Vorwürfe machen. Ich habe sie gesehen. Sie ging heute früh weg, gegen sieben Uhr. Sie war krank, denn als sie mich aus der Tür treten und die Brote hereinholen sah, machte sie einen Bogen um mich. Sie wollte wohl nicht, daß man Ihnen das Haus zuschließt. Aber sie bringen alles heraus.

Ein klapperndes Geräusch wird hörbar.

GALILEI: Was ist das?

DIE ALTE FRAU: Sie versuchen, mit Geräuschen die Wolken zu vertreiben, in denen die Pestkeime sind.

Galilei lacht schallend.

DIE ALTE FRAU: Daß Sie noch lachen können!

Ein Mann kommt die Straße herunter und findet sie versperrt durch den Strick.

GALILEI: Heda, Sie! Hier ist abgeriegelt, und im Haus ist nichts zu essen.

Der Mann ist schon weggelaufen.

GALILEI: Aber ihr könnt einen doch nicht hier verhungern lassen! Heda! Heda!

DIE ALTE FRAU: Vielleicht bringen sie was. Sonst kann ich Ihnen, aber erst nachts, einen Krug Milch vor die Tür stellen, wenn Sie sich nicht fürchten.

GALILEI: Heda! Heda! Man muß uns doch hören!

Am Strick steht plötzlich Andrea. Er hat ein verweintes Gesicht.

GALILEI: Andrea! Wie kommst du her?

ANDREA: Ich war schon früh hier. Ich habe geklopft, aber Sie
naben nicht aufgemacht. Die Leute haben mir gesagt,
daß . . .

GALILEI: Bist du denn nicht weggefahren?

ANDREA: Doch. Aber unterwegs konnte ich abspringen.
Virginia ist weitergefahren. Kann ich nicht hinein?

DIE ALTE FRAU: Nein, das kannst du nicht. Du mußt zu
den Ursulinerinnen. Deine Mutter ist vielleicht auch
dort.

ANDREA: Ich war da. Aber man hat mich nicht zu ihr hinein-
gelassen. Sie ist so krank.

GALILEI: Bist du so weit hergelaufen? Das sind doch drei
Tage, daß du wegfuhrst.

ANDREA: So lang brauchte ich, seien Sie nicht böse. Sie haben
mich einmal eingefangen.

GALILEI *hilflos:* Weine jetzt nicht mehr. Siehst du, ich habe
allerhand gefunden in der Zwischenzeit. Soll ich dir erzählen? *Andrea nickt schluchzend.* Gib genau acht, sonst verstehst du nicht. Erinnerst du dich, daß ich dir den Planeten
Venus gezeigt habe? Horch nicht auf das Geräusch, das ist
nichts. Kannst du dich erinnern? Weißt du, was ich gesehen
habe? Er ist wie der Mond! Ich habe ihn als halbe Kugel
und ich habe ihn als Sichel gesehen. Was sagst du dazu?
Ich kann dir alles zeigen mit einer kleinen Kugel und einem
Licht. Es beweist, daß auch dieser Planet kein eigenes Licht
hat. Und er dreht sich um die Sonne, in einem einfachen
Kreis, ist das nicht wunderbar?

ANDREA *schluchzend:* Sicher, und das ist ein Fakt.

GALILEI *leise:* Ich habe sie nicht zurückgehalten.

Andrea schweigt.

GALILEI: Aber natürlich, wenn ich nicht geblieben wäre, wäre
das nicht geschehen.

ANDREA: Müssen sie es Ihnen jetzt glauben?

GALILEI: Ich habe jetzt alle Beweise zusammen. Weißt du,
wenn das hier vorüber ist, gehe ich nach Rom und zeige es
ihnen.

*Die Straße herunter kommen zwei vermummte Männer mit
langen Stangen und Kübeln. An den Stangen reichen sie Galilei
und dann der alten Frau Brote in die Fenster.*

DIE ALTE FRAU: Und dort drüben ist eine Frau mit drei
Kindern. Legt da auch was hin.

GALILEI: Aber ich habe nichts zu trinken. Im Haus ist kein
Wasser. *Die beiden zucken die Achseln.* Kommt ihr auch
morgen?

DER EINE MANN *mit erstickter Stimme, da er ein Tuch vor dem
Mund hat:* Wer weiß heut, was morgen ist?

GALILEI: Könntet ihr, wenn ihr kommt, auch ein Büchlein
heraufreichen, das ich für meine Arbeit brauche?

DER MANN *lacht dumpf:* Als ob es jetzt auf ein Buch ankäme.
Sei froh, wenn du Brot bekommst.

GALILEI: Aber der Junge dort, mein Schüler, wird da sein und
es euch geben für mich. Es ist die Karte mit der Umlaufszeit
des Merkur, Andrea, ich habe sie verlegt. Willst du sie
beschaffen in der Schule?

Die Männer sind schon weitergegangen.

ANDREA: Bestimmt. Ich hol sie, Herr Galilei. *Ab.*

*Auch Galilei zieht sich zurück. Gegenüber aus dem Haus tritt die
alte Frau und stellt einen Krug vor Galileis Tür.*

6

1616: Das Collegium Romanum, Forschungsinstitut des Vatikans, bestätigt Galileis Entdeckungen.

> Das hat die Welt nicht oft gesehn
> Daß Lehrer selbst ans Lernen gehn.
> Clavius, der Gottesknecht
> Gab dem Galilei recht.

Saal des Collegium Romanum in Rom

Es ist Nacht. Hohe Geistliche, Mönche, Gelehrte in Gruppen. An der Seite allein Galilei. Es herrscht große Ausgelassenheit. Bevor die Szene beginnt, hört man gewaltiges Gelächter.

EIN DICKER PRÄLAT *hält sich den Bauch vor Lachen:* O Dummheit! O Dummheit! Ich möchte, daß mir einer einen Satz nennt, der ni cht geglaubt wurde!

EIN GELEHRTER: Zum Beispiel, daß Sie unüberwindliche Abneigung gegen Mahlzeiten verspüren, Monsignore!

DER DICKE PRÄLAT: Wird geglaubt, wird geglaubt. Nur das Vernünftige wird nicht geglaubt. Daß es einen Teufel gibt, das wird bezweifelt. Aber daß die Erde sich dreht wie ein Schusser in der Gosse, das wird geglaubt. Sancta simplicitas!

EIN MÖNCH *spielt Komödie:* Mir schwindelt. Die Erde dreht sich zu schnell. Gestatten Sie, daß ich mich an Ihnen einhalte, Professor. *Er tut, als schwanke er, und hält sich an einem Gelehrten ein.*

DER GELEHRTE *mitmachend:* Ja, sie ist heute wieder ganz besoffen, die Alte. *Er hält sich an einem anderen ein.*

DER MÖNCH: Halt, halt! Wir rutschen ab! Halt, sag ich!

EIN ZWEITER GELEHRTER: Die Venus steht schon ganz schief. Ich sehe nur noch ihren halben Hintern, Hilfe!

Es bildet sich ein Klumpen von Mönchen, die unter Gelächter tun, als wehrten sie sich, von einem Schiff im Sturm abgeschüttelt zu werden.

EIN ZWEITER MÖNCH: Wenn wir nur nicht auf den Mond geschmissen werden! Brüder, der soll scheußlich scharfe Bergspitzen haben!

DER ERSTE GELEHRTE: Stemm dich mit dem Fuß dagegen.

DER ERSTE MÖNCH: Und schaut nicht hinab. Ich leide unter Schwindel.

DER DICKE PRÄLAT *absichtlich laut in Galileis Richtung:* Unmöglich, Schwindel im Collegium Romanum!

Großes Gelächter.
Aus einer Tür hinten kommen zwei Astronomen des Collegiums.
Stille tritt ein.

EIN MÖNCH: Untersucht ihr immer noch? Das ist ein Skandal!

DER EINE ASTRONOM *zornig:* Wir nicht!

DER ZWEITE ASTRONOM: Wohin soll das führen? Ich verstehe den Clavius nicht ... Wenn man alles für bare Münze nähme, was in den letzten fünfzig Jahren behauptet wurde! Im Jahre 1572 leuchtet in der höchsten Sphäre, der achten, der Sphäre der Fixsterne, ein neuer Stern auf, eher strahlender und größer als alle seine Nachbarsterne, und noch bevor anderthalb Jahre um waren, verschwindet er wieder und fällt der Vernichtung anheim. Soll man fragen: was ist also mit der ewigen Dauer und der Unveränderlichkeit des Himmels?

DER PHILOSOPH: Wenn man es ihnen erlaubt, zertrümmern sie uns noch den ganzen Sternenhimmel.

DER ERSTE ASTRONOM: Ja, wohin kommt man! Fünf Jahre später bestimmt der Däne Tycho Brahe die Bahn eines Kometen. Sie begann oberhalb des Mondes und durchbrach, eine nach der andern, alle Kugelschalen der Sphären, der materiellen Träger der bewegten Himmelskörper! Er trifft keinen Widerstand, er erfährt keine Ablenkung seines Lichts. Soll man also fragen: wo sind die Sphären?

DER PHILOSOPH: Das ist doch ausgeschlossen! Wie kann Christopher Clavius, der größte Astronom Italiens und der Kirche, so etwas überhaupt untersuchen!

DER DICKE PRÄLAT: Skandal!

DER ERSTE ASTRONOM: Er untersucht aber! Er sitzt drinnen und glotzt durch dieses Teufelsrohr!

DER ZWEITE ASTRONOM: Principiis obsta! Alles fing damit an, daß wir so vieles, die Länge des Sonnenjahres, die Daten der Sonnen- und Mondfinsternis, die Stellungen der Himmelskörper seit Jahr und Tag nach den Tafeln des Kopernikus berechnen, der ein Ketzer ist.

EIN MÖNCH: Ich frage: was ist besser, eine Mondfinsternis drei Tage später als im Kalender steht zu erleben oder die ewige Seligkeit niemals?

EIN SEHR DÜNNER MÖNCH *kommt mit einer aufgeschlagenen Bibel nach vorn, fanatisch den Finger auf eine Stelle stoßend:* Was steht hier in der Schrift? „Sonne, stehe still zu Gibeon und Mond im Tale Ajalon!" Wie kann die Sonne stillstehen, wenn sie sich überhaupt nicht dreht, wie diese Ketzer behaupten? Lügt die Schrift?

DER ZWEITE ASTRONOM: Es gibt Erscheinungen, die uns Astronomen Schwierigkeiten bereiten, aber muß der Mensch alles verstehen?

Beide ab.

DER SEHR DÜNNE MÖNCH: Die Heimat des Menschengeschlechts setzen sie einem Wandelstern gleich. Mensch, Tier, Pflanze und Erdreich verpacken sie auf einen Karren und treiben ihn im Kreis durch einen leeren Himmel. Erde und Himmel gibt es nicht mehr nach diesen. Die Erde nicht, weil sie ein Gestirn des Himmels ist, und den Himmel nicht, weil er aus Erden besteht. Da ist kein Unterschied mehr zwischen Oben und Unten, zwischen dem Ewigen und dem Vergänglichen. Daß wir vergehen, das wissen wir. Daß auch der Himmel vergeht, das sagen sie uns jetzt. Sonne, Mond und Sterne und wir leben auf der Erde, hat es geheißen und steht es geschrieben; aber jetzt ist auch die Erde ein Stern nach diesem da. Es gibt nur Sterne! Wir werden den Tag erleben, wo sie sagen: Es gibt auch nicht Mensch und Tier, der Mensch selber ist ein Tier, es gibt nur Tiere!

DER ERSTE GELEHRTE *zu Galilei:* Herr Galilei, Ihnen ist etwas hinabgefallen.

GALILEI *der seinen Stein während des Vorigen aus der Tasche gezogen, damit gespielt und ihn am Ende auf den Boden hat fallen lassen, indem er sich bückt, ihn aufzuheben:* Hinauf, Monsignore, es ist mir hinaufgefallen.

DER DICKE PRÄLAT *kehrt sich um:* Unverschämter Mensch.

Eintritt ein sehr alter Kardinal, von einem Mönch gestützt. Man macht ihm ehrerbietig Platz.

DER SEHR ALTE KARDINAL: Sind sie immer noch drinnen? Können sie mit dieser Kleinigkeit wirklich nicht schneller fertig werden? Dieser Clavius sollte doch seine Astronomei verstehen! Ich höre, dieser Herr Galilei versetzt den Menschen aus dem Mittelpunkt des Weltalls irgendwohin an den Rand. Er ist folglich deutlich ein Feind des Menschengeschlechts! Als solcher muß er behandelt werden. Der Mensch ist die Krone der Schöpfung, das weiß jedes Kind, Gottes höchstes und geliebtestes Geschöpf. Wie könnte er es, ein solches Wunderwerk, eine solche Anstrengung, auf ein kleines, abseitiges und immerfort weglaufendes Gestirnlein setzen? Würde er so wohin seinen Sohn schicken? Wie kann es Leute geben, so pervers, daß sie diesen Sklaven ihrer Rechentafeln Glauben schenken! Welches Geschöpf Gottes wird sich so etwas gefallen lassen?

DER DICKE PRÄLAT *halblaut:* Der Herr ist anwesend.

DER SEHR ALTE KARDINAL *zu Galilei:* So, sind Sie das? Wissen Sie, ich sehe nicht mehr allzu gut, aber das sehe ich doch, daß Sie diesem Menschen, den wir seinerzeit verbrannt haben, wie hieß er doch? auffallend gleichen.

DER MÖNCH: Eure Eminenz sollten sich nicht aufregen. Der Arzt . . .

DER SEHR ALTE KARDINAL *schüttelt ihn ab, zu Galilei:* Sie wollen die Erde erniedrigen, obwohl Sie auf ihr leben und alles von ihr empfangen. Sie beschmutzen Ihr eigenes Nest! Aber ich jedenfalls lasse es mir nicht gefallen. *Er stößt den Mönch zurück und beginnt stolz auf und ab zu schreiten.* Ich

bin nicht irgendein Wesen auf irgendeinem Gestirnchen, das
für kurze Zeit irgendwo kreist. Ich gehe auf einer festen
Erde, in sicherem Schritt, sie ruht, sie ist der Mittelpunkt des
Alls, ich bin im Mittelpunkt, und das Auge des Schöpfers
ruht auf mir und auf mir allein. Um mich kreisen, fixiert an
acht kristallene Schalen, die Fixsterne und die gewaltige
Sonne, die geschaffen ist, meine Umgebung zu beleuchten.
Und auch mich, damit Gott mich sieht. So kommt sichtbar
und unwiderleglich alles an auf mich, den Menschen, die
Anstrengung Gottes, das Geschöpf in der Mitte, das Eben-
bild Gottes, unvergänglich und . . . *Er sinkt zusammen.*

DER MÖNCH: Eure Eminenz haben sich zuviel zugemutet!

*In diesem Augenblick öffnet sich die Tür hinten, und an der
Spitze seiner Astronomen kommt der große Clavius herein. Er
durchschreitet schweigend und schnell, ohne zur Seite zu blicken,
den Saal und spricht, schon am Ausgang, zu einem Mönch hin.*

CLAVIUS: Es stimmt.

*Er geht ab, gefolgt von den Astronomen. Die Tür hinten bleibt
offen stehen. Totenstille. Der sehr alte Kardinal kommt zu sich.*

DER SEHR ALTE KARDINAL: Was ist? Die Entscheidung
gefallen?

Niemand wagt es ihm zu sagen.

DER MÖNCH: Eure Eminenz müssen nach Hause gebracht
werden.

*Man hilft dem alten Mann hinaus. Alle verlassen verstört den
Saal.
Ein kleiner Mönch aus der Untersuchungskommission des Clavius
bleibt bei Galilei stehen.*

DER KLEINE MÖNCH *verstohlen*: Herr Galilei, Pater Clavius
sagte, bevor er wegging: Jetzt können die Theologen sehen,
wie sie die Himmelskreise wieder einrenken! Sie haben
gesiegt. *Ab.*

GALILEI *sucht ihn zurückzuhalten:* Sie hat gesiegt! Nicht ich, die Vernunft hat gesiegt!

Der kleine Mönch ist schon weg.

Auch Galilei geht. Unter der Tür begegnet er einem hoch-gewachsenen Geistlichen, dem Kardinal Inquisitor. Ein Astronom begleitet ihn. Galilei verbeugt sich. Bevor er hinausgeht, stellt er einem Türhüter flüsternd eine Frage.

TÜRHÜTER *zurückflüsternd:* Seine Eminenz, der Kardinal Inquisitor.

Der Astronom geleitet den Kardinal Inquisitor zum Fernrohr.

7

ABER DIE INQUISITION SETZT DIE KOPERNIKANISCHE LEHRE AUF
DEN INDEX (5. MÄRZ 1616).

> In Rom war Galilei Gast
> In einem Kardinalspalast.
> Man bot ihm Schmaus und bot ihm Wein
> Und hatt' nur ein klein Wünschelein.

Haus des Kardinals Bellarmin in Rom

Ein Ball ist im Gang. Im Vestibül, wo zwei geistliche Sekretäre Schach spielen und Notizen über die Gäste machen, wird Galilei von einer kleinen Gruppe maskierter Damen und Herren mit Applaus empfangen. Er kommt in Begleitung seiner Tochter Virginia und ihres Verlobten Ludovico Marsili.

VIRGINIA: Ich tanze mit niemand sonst, Ludovico.

LUDOVICO: Die Schulterspange ist lose.

GALILEI:
> „Dies leicht verschobene Busentuch, Thaïs
> Ordne mir nicht. Manche Unordnung, tiefere
> Zeigt es mir köstlich und
> Andern auch. In des wimmelnden Saals
> Kerzenlicht dürfen sie denken an
> Dunklere Stellen des wartenden Parkes."

VIRGINIA: Fühl mein Herz.

GALILEI *legt ihr die Hand auf das Herz:* Es klopft.

VIRGINIA: Ich möchte schön aussehen.

GALILEI: Du mußt, sonst zweifeln sie sofort wieder, daß sie sich dreht.

LUDOVICO: Sie dreht sich ja gar nicht. *Galilei lacht.* Rom spricht nur von Ihnen. Von heute abend ab, Herr, wird man von Ihrer Tochter sprechen.

GALILEI: Es heißt, es sei leicht, im römischen Frühling schön auszusehen. Selbst ich muß einem beleibteren Adonis gleichen. *Zu den Sekretären:* Ich sollte den Herrn Kardinal hier erwarten. *Zu dem Paar:* Geht und vergnügt euch!

Bevor sie nach hinten zum Ball gehen, kommt Virginia noch einmal zurückgelaufen.

VIRGINIA: Vater, der Friseur in der Via del Trionfo nahm mich zuerst dran und ließ vier Damen warten. Er kannte deinen Namen sofort. *Ab.*

GALILEI *zu den Schach spielenden Sekretären:* Wie könnt ihr noch immer das alte Schach spielen? Eng, eng. Jetzt spielt man doch so, daß die größeren Figuren über alle Felder gehen. Der Turm so — *er zeigt es* — und der Läufer so und die Dame so und so. Da hat man Raum und kann Pläne machen.

DER EINE SCHREIBER: Das entspricht nicht unsern kleinen Gehältern, wissen Sie. Wir können nur solche Sprünge machen. *Er zieht einen kleinen Zug.*

GALILEI: Umgekehrt, mein Guter, umgekehrt! Wer auf großem Fuß lebt, dem bezahlen sie auch den größten Stiefel! Man muß mit der Zeit gehen, meine Herren. Nicht an den Küsten lang, einmal muß man ausfahren.

Der sehr alte Kardinal der vorigen Szene überquert die Bühne, geleitet von seinem Mönch. Er erblickt den Galilei, geht an ihm vorbei, wendet sich dann unsicher und grüßt ihn. Galilei setzt sich. Aus dem Ballsaal hört man, von Knaben gesungen, den Beginn des berühmten Gedichts Lorenzo di Medicis über die Vergänglichkeit:

> *„Ich, der ich Rosen aber sterben sah*
> *Und ihre Blätter lagen welkend da*
> *Entfärbt auf kaltem Boden, wußte gut:*
> *Wie eitel ist der Jugend Übermut!"*

GALILEI: Rom. — Großes Fest?

SEKRETÄR: Der erste Karneval nach den Pestjahren. Alle großen Familien Italiens sind heute abend hier vertreten. Die Orsinis, die Villanis, die Nuccolis, die Soldanieris, die Canes, die Lecchis, die Estensis, die Colombinis . . .

ZWEITER SEKRETÄR *unterbricht:* Ihre Eminenzen, die Kardinäle Bellarmin und Barberini.

Herein Kardinal Bellarmin und Kardinal Barberini. Sie halten die Masken eines Lamms und einer Taube an Stöcken vors Gesicht.

BARBERINI *den Zeigefinger auf Galilei:* „Die Sonne geht auf und unter und kehret an ihren Ort zurück." Das sagt Salomo, und was sagt Galilei?

GALILEI: Als ich so klein war — *er deutet es mit der Hand an* —, Eure Eminenz, stand ich auf einem Schiff, und ich rief: Das Ufer bewegt sich fort. — Heute weiß ich, das Ufer stand fest, und das Schiff bewegte sich fort.

BARBERINI: Schlau, schlau. Was man sieht, Bellarmin, nämlich daß der Gestirnhimmel sich dreht, braucht nicht zu stimmen, siehe Schiff und Ufer. Aber was stimmt, nämlich daß die Erde sich dreht, kann man nicht wahrnehmen! Schlau. Aber seine Jupitermonde sind harte Brocken für unsere Astronomen. Leider habe ich auch einmal etwas Astronomie gelesen, Bellarmin. Das hängt einem an wie die Krätze.

BELLARMIN: Gehen wir mit der Zeit, Barberini. Wenn Sternkarten, die sich auf eine neue Hypothese stützen, unsern Seeleuten die Navigation erleichtern, mögen sie die Karten benutzen. Uns mißfallen nur Lehren, welche die Schrift falsch machen. *Er winkt grüßend nach dem Ballsaal zu.*

GALILEI: Die Schrift. — „Wer aber das Korn zurückhält, dem wird das Volk fluchen." Sprüche Salomonis.

BARBERINI: „Der Weise verbirget sein Wissen." Sprüche Salomonis.

GALILEI: „Wo da Ochsen sind, da ist der Stall unrein. Aber viel Gewinn ist durch die Stärke des Ochsen."

BARBERINI: „Der seine Vernunft im Zaum hält, ist besser als der eine Stadt nimmt."

GALILEI: „Des Geist aber gebrochen ist, dem verdorren die Gebeine." *Pause.* „Schreiet die Wahrheit nicht laut?"

BARBERINI: „Kann man den Fuß setzen auf glühende Kohle,

und der Fuß verbrennt nicht?" — Willkommen in Rom,
Freund Galilei. Sie wissen von seinem Ursprung? Zwei
Knäblein, so geht die Mär, empfingen Milch und Zuflucht
von einer Wölfin. Von der Stunde an müssen alle Kinder der
Wölfin für ihre Milch zahlen. Aber dafür sorgt die Wölfin
für alle Arten von Genüssen, himmlische und irdische; von
Gesprächen mit meinem gelehrten Freund Bellarmin bis zu
drei oder vier Damen von internationalem Ruf, darf ich sie
Ihnen zeigen?

*Er führt Galilei hinter, ihm den Ballsaal zu zeigen. Galilei folgt
widerstrebend.*

BARBERINI: Nein? Er besteht auf einer ernsten Unterhaltung.
Gut. Sind Sie sicher, Freund Galilei, daß ihr Astronomen
euch nicht nur einfach eure Astronomie bequemer machen
wollt? *Er führt ihn wieder nach vorn.* Ihr denkt in Kreisen
oder Ellipsen und in gleichmäßigen Schnelligkeiten, einfachen Bewegungen, die euren Gehirnen gemäß sind. Wie,
wenn es Gott gefallen hätte, seine Gestirne so laufen zu
lassen? *Er zeichnet mit dem Finger in der Luft eine äußerst
verwickelte Bahn mit unregelmäßiger Geschwindigkeit.* Was
würde dann aus euren Berechnungen?

GALILEI: Eminenz, hätte Gott die Welt so konstruiert — *er
wiederholt Barberinis Bahn —*, dann hätte er auch unsere Ge-
hirne so konstruiert — *er wiederholt dieselbe Bahn —*, so daß
sie eben diese Bahnen als die einfachsten erkennen würden.
Ich glaube an die Vernunft.

BARBERINI: Ich halte die Vernunft für unzulänglich. *Er
schweigt. Er ist zu höflich, jetzt zu sagen, er hält meine für
unzulänglich. Lacht und geht zur Brüstung zurück.*

BELLARMIN: Die Vernunft, mein Freund, reicht nicht sehr
weit. Ringsum sehen wir nichts als Schiefheit, Verbrechen
und Schwäche. Wo ist die Wahrheit?

GALILEI *zornig:* Ich glaube an die Vernunft.

BARBERINI *zu den Schreibern:* Ihr sollt nicht mitschreiben, das
ist eine wissenschaftliche Unterhaltung unter Freunden.

BELLARMIN: Bedenken Sie einen Augenblick, was es die

Kirchenväter und so viele nach ihnen für Mühe und Nachdenken gekostet hat, in eine solche Welt (ist sie etwa nicht
abscheulich?) etwas Sinn zu bringen. Bedenken Sie die
Roheit derer, die ihre Bauern in der Campagna halbnackt
über ihre Güter peitschen lassen, und die Dummheit dieser
Armen, die ihnen dafür die Füße küssen.

GALILEI: Schandbar! Auf meiner Fahrt hierher sah ich . . .

BELLARMIN: Wir haben die Verantwortung für den Sinn solcher Vorgänge (das Leben besteht daraus), die wir nicht
begreifen können, einem höheren Wesen zugeschoben, davon
gesprochen, daß mit derlei gewisse Absichten verfolgt werden, daß dies alles einem großen Plan zufolge geschieht.
Nicht als ob dadurch absolute Beruhigung eingetreten wäre,
aber jetzt beschuldigen Sie dieses höchste Wesen, es sei sich
im unklaren darüber, wie die Welt der Gestirne sich bewegt,
worüber Sie sich im klaren sind. Ist das weise?

GALILEI *zu einer Erklärung ausholend:* Ich bin ein gläubiger
Sohn der Kirche . . .

BARBERINI: Es ist entsetzlich mit ihm. Er will in aller Unschuld Gott die dicksten Schnitzer in der Astronomie nachweisen! Wie, Gott hat nicht sorgfältig genug Astronomie
studiert, bevor er die Heilige Schrift verfaßte? Lieber
Freund!

BELLARMIN: Ist es nicht auch für Sie wahrscheinlich, daß der
Schöpfer über das von ihm Geschaffene besser Bescheid
weiß als sein Geschöpf?

GALILEI: Aber, meine Herren, schließlich kann der Mensch
nicht nur die Bewegungen der Gestirne falsch auffassen,
sondern auch die Bibel!

BELLARMIN: Aber wie die Bibel aufzufassen ist, darüber haben
schließlich die Theologen der Heiligen Kirche zu befinden,
nicht?

Galilei schweigt.

BELLARMIN: Sehen Sie: jetzt schweigen Sie. *Er macht den
Schreibern ein Zeichen.* Herr Galilei, das Heilige Offizium
hat heute nacht beschlossen, daß die Lehre des Kopernikus,

nach der die Sonne Zentrum der Welt und unbeweglich, die
Erde aber nicht Zentrum der Welt und beweglich ist, töricht,
absurd und ketzerisch im Glauben ist. Ich habe den Auftrag,
Sie zu ermahnen, diese Meinung aufzugeben. *Zum Sekretär:*
Wiederholen Sie das.

SEKRETÄR: Seine Eminenz, Kardinal Bellarmin, zu dem be-
sagten Galileo Galilei: Das Heilige Offizium hat beschlossen,
daß die Lehre des Kopernikus, nach der die Sonne Zentrum
der Welt und unbeweglich, die Erde aber nicht Zentrum der
Welt und beweglich ist, töricht, absurd und ketzerisch im
Glauben ist. Ich habe den Auftrag, Sie zu ermahnen, diese
Meinung aufzugeben.

GALILEI: Was heißt das?

*Aus dem Ballsaal hört man, von Knaben gesungen, eine weitere
Strophe des Gedichts:*

„Sprach ich: Die schöne Jahreszeit geht schnell vorbei:
Pflücke die Rose, noch ist es Mai.“
*Barberini bedeutet dem Galilei zu schweigen, solange der Gesang
währt. Sie lauschen.*

GALILEI: Aber die Tatsachen? Ich verstand, daß die Astronomen des Collegium Romanum meine Notierungen aner-
kannt haben.

BELLARMIN: Mit den Ausdrücken der tiefsten Genugtuung, in
der für Sie ehrendsten Weise.

GALILEI: Aber die Jupitertrabanten, die Phasen der Venus . . .

BELLARMIN: Die Heilige Kongregation hat ihren Beschluß
gefaßt, ohne diese Einzelheiten zur Kenntnis zu nehmen.

GALILEI: Das heißt, daß jede weitere wissenschaftliche Forschung . . .

BELLARMIN: Durchaus gesichert ist, Herr Galilei. Und das
gemäß der Anschauung der Kirche, daß wir nicht wissen
können, aber forschen mögen. *Er begrüßt wieder einen Gast
im Ballsaal.* Es steht Ihnen frei, in Form der mathematischen
Hypothese auch diese Lehre zu behandeln. Die Wissenschaft
ist die legitime und höchst geliebte Tochter der Kirche, Herr

Galilei. Niemand von uns nimmt im Ernst an, daß Sie das Vertrauen zur Kirche untergraben wollen.

GALILEI *zornig:* Vertrauen wird dadurch erschöpft, daß es in Anspruch genommen wird.

BARBERINI: Ja? *Er klopft ihm, schallend lachend, auf die Schulter. Dann sieht er ihn scharf an und sagt nicht unfreundlich:* Schütten Sie nicht das Kind mit dem Bade aus, Freund Galilei. Wir tun es auch nicht. Wir brauchen Sie, mehr als Sie uns.

BELLARMIN: Ich brenne darauf, den größten Mathematiker Italiens dem Kommissar des Heiligen Offiziums vorzustellen, der Ihnen die allergrößte Wertschätzung entgegen bringt.

BARBERINI *den andern Arm Galileis fassend:* Worauf er sich wieder in ein Lamm verwandelt. Auch Sie wären besser als braver Doktor der Schulmeinung kostümiert hier erschienen, lieber Freund. Es ist meine Maske, die mir heute ein wenig Freiheit gestattet. In einem solchen Aufzug können Sie mich murmeln hören: Wenn es keinen Gott gäbe, müßte man ihn erfinden. Gut, nehmen wir wieder unsere Masken vor. Der arme Galilei hat keine. *Sie nehmen Galilei in die Mitte und führen ihn in den Ballsaal.*

DER ERSTE SCHREIBER: Hast du den letzten Satz?

DER ZWEITE SCHREIBER: Bin dabei. *Sie schreiben eifrig.* Hast du das, wo er sagt, daß er an die Vernunft glaubt?

Herein der Kardinal Inquisitor.

DER INQUISITOR: Die Unterredung hat stattgefunden?

DER SEKRETÄR *mechanisch:* Zuerst kam Herr Galilei mit seiner Tochter. Sie hat sich heute verlobt mit Herrn . . . *Der Inquisitor winkt ab.* Herr Galilei unterrichtete uns sodann von der neuen Art des Schachspielens, bei der die Figuren entgegen allen Spielregeln über alle Felder hinweg bewegt werden.

DER INQUISITOR *winkt ab:* Das Protokoll.

Ein Sekretär händigt ihm das Protokoll aus, und der Kardinal setzt sich, es zu durchfliegen. Zwei junge Damen in Masken überqueren die Bühne, sie knicksen vor dem Kardinal.

DIE EINE: Wer ist das?
DIE ANDERE: Der Kardinal Inquisitor.

*Sie kichern und gehen ab. Herein Virginia, sich suchend
umblickend.*

DER INQUISITOR *aus seiner Ecke:* Nun, meine Tochter?
VIRGINIA *erschrickt ein wenig, da sie ihn nicht gesehen hat:* Oh,
Eure Eminenz!

*Der Inquisitor streckt ihr, ohne aufzusehen, die Rechte hin. Sie
nähert sich und küßt kniend seinen Ring.*

DER INQUISITOR: Eine superbe Nacht! Gestatten Sie mir, Sie
zu Ihrer Verlobung zu beglückwünschen. Ihr Bräutigam
kommt aus einer vornehmen Familie. Sie bleiben uns in
Rom?
VIRGINIA: Zunächst nicht, Eure Eminenz. Es gibt so viel vor-
zubereiten für eine Heirat.
DER INQUISITOR: So, Sie folgen also Ihrem Vater wieder nach
Florenz. Ich freue mich darüber. Ich kann mir denken, daß
Ihr Vater Sie braucht. Mathematik ist eine kalte Hausgefährtin, nicht? Ein Geschöpf aus Fleisch und Blut in solcher Umgebung macht da allen Unterschied. Man verliert
sich so leicht in den Gestirnwelten, welche so sehr ausgedehnt
sind, wenn man ein großer Mann ist.
VIRGINIA *atemlos:* Sie sind sehr gütig, Eminenz. Ich verstehe
wirklich fast gar nichts von diesen Dingen.
DER INQUISITOR: Nein? *Er lacht.* Im Haus des Fischers ißt
man nicht Fisch, wie? Es wird Ihren Herrn Vater amüsieren,
wenn er hört, daß Sie schließlich von mir gehört haben, was
Sie über die Gestirnwelten wissen, mein Kind. *Im Protokoll
blätternd:* Ich lese hier, daß unsere Neuerer, deren in der
ganzen Welt anerkannter Führer Ihr Herr Vater ist, ein
großer Mann, einer der größten, unsere gegenwärtigen Vor-
stellungen von der Bedeutung unserer lieben Erde für etwas
übertrieben ansehen. Nun, von den Zeiten des Ptolemäus,

eines Weisen des Altertums, bis zum heutigen Tag maß man für die ganze Schöpfung, also für die gesamte Kristallkugel, in deren Mitte die Erde ruht, etwa zwanzigtausend Erddurchmesser. Eine schöne Geräumigkeit, aber zu klein, weit zu klein für Neuerer. Nach diesen ist sie, wie wir hören, ganz unvorstellbar weit ausgedehnt, ist der Abstand der Erde von der Sonne, ein durchaus bedeutender Abstand, wie es uns immer geschienen hat, so verschwindend klein gegen den Abstand unserer armen Erde von den Fixsternen, die auf der alleräußersten Schale befestigt sind, daß man ihn bei den Berechnungen überhaupt nicht einzukalkulieren braucht! Da soll man noch sagen, daß die Neuerer nicht auf großem Fuße leben.

Virginia lacht. Auch der Inquisitor lacht.

DER INQUISITOR: In der Tat, einige Herren des Heiligen Offiziums haben kürzlich an einem solchen Weltbild, gegen das unser bisheriges nur ein Bildchen ist, das man um einen so entzückenden Hals wie den gewisser junger Mädchen legen könnte, beinahe Anstoß genommen. Sie sind besorgt, auf so ungeheuren Strecken könnte ein Prälat und sogar ein Kardinal leicht verlorengehen. Selbst ein Papst könnte vom Allmächtigen da aus den Augen verloren werden. Ja, das ist lustig, aber ich bin doch froh, Sie auch weiterhin in der Nähe Ihres großen Vaters zu wissen, den wir alle so schätzen, liebes Kind. Ich frage mich, ob ich nicht Ihren Beichtvater kenne . . .

VIRGINIA: Pater Christophorus von Sankt Ursula.

DER INQUISITOR: Ja, ich freue mich, daß Sie Ihren Herrn Vater also begleiten. Er wird Sie brauchen, Sie mögen es sich nicht vorstellen können, aber es wird so kommen. Sie sind noch so jung und wirklich so sehr Fleisch und Blut, und Größe ist nicht immer leicht zu tragen für diejenigen, denen Gott sie verliehen hat, nicht immer. Niemand unter den Sterblichen ist ja so groß, daß er nicht in ein Gebet eingeschlossen werden könnte. Aber nun halte ich Sie auf, liebes Kind, und mache Ihren Verlobten eifersüchtig und vielleicht auch Ihren lieben Vater, weil ich Ihnen etwas über die Gestirne erzählt habe, was möglicherweise sogar veraltet ist. Gehen Sie schnell zum Tanzen, nur vergessen Sie nicht, Pater Christophorus von mir zu grüßen.

Virginia nach einer tiefen Verbeugung schnell ab.

8

Ein Gespräch.

Galilei las den Spruch
Ein junger Mönch kam zu Besuch
War eines armen Bauern Kind
Wollt wissen, wie man Wissen find't.
Wollt es wissen, wollt es wissen.

Im Palast des Florentinischen Gesandten in Rom

Galilei hört den kleinen Mönch an, der ihm nach der Sitzung des Collegium Romanum den Ausspruch des päpstlichen Astronomen zugeflüstert hat.

GALILEI: Reden Sie, reden Sie! Das Gewand, das Sie tragen, gibt Ihnen das Recht zu sagen, was immer Sie wollen.

DER KLEINE MÖNCH: Ich habe Mathematik studiert, Herr Galilei.

GALILEI: Das könnte helfen, wenn es Sie veranlaßte einzugestehen, daß zweimal zwei hin und wieder vier ist!

DER KLEINE MÖNCH: Herr Galilei, seit drei Nächten kann ich keinen Schlaf mehr finden. Ich wußte nicht, wie ich das Dekret, das ich gelesen habe, und die Trabanten des Jupiter, die ich gesehen habe, in Einklang bringen sollte. Ich beschloß, heute früh die Messe zu lesen und zu Ihnen zu gehen.

GALILEI: Um mir mitzuteilen, daß der Jupiter keine Trabanten hat?

DER KLEINE MÖNCH: Nein. Mir ist es gelungen, in die Weisheit des Dekrets einzudringen. Es hat mir die Gefahren aufgedeckt, die ein allzu hemmungsloses Forschen für die Menschheit in sich birgt, und ich habe beschlossen, der Astronomie zu entsagen. Jedoch ist mir noch daran gelegen, Ihnen die Beweggründe zu unterbreiten, die auch einen Astronomen dazu bringen können, von einem weiteren Ausbau der gewissen Lehre abzusehen.

80

GALILEI: Ich darf sagen, daß mir solche Beweggründe bekannt sind.

DER KLEINE MÖNCH: Ich verstehe Ihre Bitterkeit. Sie denken an die gewissen außerordentlichen Machtmittel der Kirche.

GALILEI: Sagen Sie ruhig Folterinstrumente.

DER KLEINE MÖNCH: Aber ich möchte andere Gründe nennen. Erlauben Sie, daß ich von mir rede. Ich bin als Sohn von Bauern in der Campagna aufgewachsen. Es sind einfache Leute. Sie wissen alles über den Ölbaum, aber sonst recht wenig. Die Phasen der Venus beobachtend, kann ich nun meine Eltern vor mir sehen, wie sie mit meiner Schwester am Herd sitzen und ihre Käsespeise essen. Ich sehe die Balken über ihnen, die der Rauch von Jahrhunderten geschwärzt hat, und ich sehe genau ihre alten abgearbeiteten Hände und den kleinen Löffel darin. Es geht ihnen nicht gut, aber selbst in ihrem Unglück liegt eine gewisse Ordnung verborgen. Da sind diese verschiedenen Kreisläufe, von dem des Bodenaufwischens über den der Jahreszeiten im Ölfeld zu dem der Steuerzahlung. Es ist regelmäßig, was auf sie herabstößt an Unfällen. Der Rücken meines Vaters wird zusammengedrückt nicht auf einmal, sondern mit jedem Frühjahr im Ölfeld mehr, so wie auch die Geburten, die meine Mutter immer geschlechtsloser gemacht haben, in ganz bestimmten Abständen erfolgten. Sie schöpfen die Kraft, ihre Körbe schweißtriefend den steinigen Pfad hinaufzuschleppen, Kinder zu gebären, ja zu essen aus dem Gefühl der Stetigkeit und Notwendigkeit, das der Anblick des Bodens, der jedes Jahr von neuem grünenden Bäume, der kleinen Kirche und das Anhören der sonntäglichen Bibeltexte ihnen verleihen können. Es ist ihnen versichert worden, daß das Auge der Gottheit auf ihnen liegt, forschend, ja beinahe angstvoll, daß das ganze Welttheater um sie aufgebaut ist, damit sie, die Agierenden, in ihren großen oder kleinen Rollen sich bewähren können. Was würden meine Leute sagen, wenn sie von mir erführen, daß sie sich auf einem kleinen Steinklumpen befinden, der sich unaufhörlich drehend im leeren Raum um ein anderes Gestirn bewegt, einer unter sehr vielen, ein ziemlich unbedeutender. Wozu ist jetzt noch solche Geduld, solches Einverständnis in ihr Elend nötig oder gut? Wozu ist die Heilige Schrift noch gut, die alles erklärt und als notwendig begründet hat, den Schweiß, die Geduld, den Hunger, die Unterwerfung, und die jetzt voll von Irrtümern befunden wird? Nein, ich sehe ihre Blicke scheu werden, ich sehe sie die Löffel auf die Herdplatte senken, ich sehe, wie sie sich verraten und betrogen fühlen. Es liegt also kein Auge auf uns, sagen sie. Wir müssen nach uns selber sehen, ungelehrt, alt und verbraucht, wie wir sind? Niemand hat uns eine Rolle zugedacht außer dieser irdischen, jämmerlichen auf einem winzigen Gestirn, das ganz unselbständig ist, um das sich nichts dreht? Kein Sinn liegt in unserm Elend, Hunger ist eben Nichtgegessenhaben, keine Kraftprobe; Anstrengung ist eben Sichbücken und Schleppen, kein Verdienst. Verstehen Sie da, daß ich aus dem Dekret der Heiligen Kongregation ein edles mütterliches Mitleid, eine große Seelengüte herauslese?

GALILEI: Seelengüte! Wahrscheinlich meinen Sie nur, es ist nichts da, der Wein ist weggetrunken, ihre Lippen vertrocknen, mögen sie die Soutane küssen! Warum ist denn nichts da? Warum ist die Ordnung in diesem Land nur die Ordnung einer leeren Lade und die Notwendigkeit nur die, sich zu Tode zu arbeiten? Zwischen strotzenden Weinbergen, am Rand der Weizenfelder! Ihre Campagnabauern bezahlen die Kriege, die der Stellvertreter des milden Jesus in Spanien und Deutschland führt. Warum stellt er die Erde in den Mittelpunkt des Universums? Damit der Stuhl Petri im Mittelpunkt der Erde stehen kann! Um das letztere handelt es sich. Sie haben recht, es handelt sich nicht um die Planeten, sondern um die Campagnabauern. Und kommen Sie mir nicht mit der Schönheit von Phänomenen, die das Alter vergoldet hat! Wissen Sie, wie die Auster Margaritifera ihre Perle produziert? Indem sie in lebensgefährlicher Krankheit einen unerträglichen Fremdkörper, z. B. ein Sandkorn, in eine Schleimkugel einschließt. Sie geht nahezu drauf bei dem Prozeß. Zum Teufel mit der Perle, ich ziehe die gesunde

Auster vor. Tugenden sind nicht an Elend geknüpft, mein Lieber. Wären Ihre Leute wohlhabend und glücklich, könnten sie die Tugenden der Wohlhabenheit und des Glücks entwickeln. Jetzt stammen diese Tugenden Erschöpfter von erschöpften Äckern, und ich lehne sie ab. Herr, meine neuen Wasserpumpen können da mehr Wunder tun als ihre lächerliche übermenschliche Plackerei. — „Seid fruchtbar und mehret euch", denn die Äcker sind unfruchtbar, und die Kriege dezimieren euch. Soll ich Ihre Leute anlügen?

DER KLEINE MÖNCH *in großer Bewegung:* Es sind die allerhöchsten Beweggründe, die uns schweigen machen müssen, es ist der Seelenfrieden Unglücklicher!

GALILEI: Wollen Sie eine Cellini-Uhr sehen, die Kardinal Bellarmins Kutscher heute morgen hier abgegeben hat? Mein Lieber, als Belohnung dafür, daß ich zum Beispiel Ihren guten Eltern den Seelenfrieden lasse, offeriert mir die Behörde den Wein, den sie keltern im Schweiße ihres Antlitzes, das bekanntlich nach Gottes Ebenbild geschaffen ist. Würde ich mich zum Schweigen bereit finden, wären es zweifellos recht niedrige Beweggründe; Wohlleben, keine Verfolgung etc.

DER KLEINE MÖNCH: Herr Galilei, ich bin Priester.

GALILEI: Sie sind auch Physiker. Und Sie sehen, die Venus hat Phasen. Da, sieh hinaus! *Er zeigt durch das Fenster.* Siehst du dort den kleinen Priap an der Quelle neben dem Lorbeer? Der Gott der Gärten, der Vögel und der Diebe, der bäurische obszöne Zweitausendjährige! Er hat weniger gelogen. Nichts davon, schön, ich bin ebenfalls ein Sohn der Kirche. Aber kennen Sie die achte Satire des Horaz? Ich lese ihn eben wieder in diesen Tagen, er verleiht einiges Gleichgewicht. *Er greift nach einem kleinen Buch.* Er läßt eben diesen Priap sprechen, eine kleine Statue, die in den Esquilinischen Gärten aufgestellt war. Folgendermaßen beginnt es:

„Ein Feigenklotz, ein wenig nützes Holz
War ich, als einst der Zimmermann, unschlüssig

Ob einen Priap machen oder einen Schemel
Sich für den Gott entschied . . ."

Meinen Sie, Horaz hätte sich etwa den Schemel verbieten und
einen Tisch in das Gedicht setzen lassen? Herr, mein Schönheitssinn wird verletzt, wenn die Venus in meinem Weltbild
ohne Phasen ist! Wir können nicht Maschinerien für das
Hochpumpen von Flußwasser erfinden, wenn wir die größte
Maschinerie, die uns vor Augen liegt, die der Himmelskörper, nicht studieren sollen. Die Winkelsumme im Dreieck
kann nicht nach den Bedürfnissen der Kurie abgeändert werden. Die Bahnen fliegender Körper kann ich nicht so berechnen, daß auch die Ritte der Hexen auf Besenstielen erklärt
werden.

DER KLEINE MÖNCH: Und Sie meinen nicht, daß die Wahrheit,
wenn es Wahrheit ist, sich durchsetzt, auch ohne uns?

GALILEI: Nein, nein, nein. Es setzt sich nur so viel Wahrheit
durch, als wir durchsetzen; der Sieg der Vernunft kann nur
der Sieg der Vernünftigen sein. Eure Campagnabauern
schildert Ihr ja schon wie das Moos auf ihren Hütten! Wie
kann jemand annehmen, daß die Winkelsumme im Dreieck
i h r e n Bedürfnissen widersprechen könnte! Aber wenn sie
nicht in Bewegung kommen und denken lernen, werden
ihnen auch die schönsten Bewässerungsanlagen nichts nützen. Zum Teufel, ich sehe die göttliche Geduld Ihrer Leute,
aber wo ist ihr göttlicher Zorn?

DER KLEINE MÖNCH: Sie sind müde!

GALILEI *wirft ihm einen Packen Manuskripte hin:* Bist du ein
Physiker, mein Sohn? Hier stehen die Gründe, warum das
Weltmeer sich in Ebbe und Flut bewegt. Aber du sollst es
nicht lesen, hörst du? Ach, du liest schon? Du bist also ein
Physiker?

Der kleine Mönch hat sich in die Papiere vertieft.

GALILEI: Ein Apfel vom Baum der Erkenntnis! Er stopft ihn
schon hinein. Er ist ewig verdammt, aber er muß ihn hineinstopfen, ein unglücklicher Fresser! Ich denke manchmal: ich

ließe mich zehn Klafter unter der Erde in einen Kerker einsperren, zu dem kein Licht mehr dringt, wenn ich dafür er-
führe, was das ist: Licht. Und das Schlimmste: was ich weiß,
muß ich weitersagen. Wie ein Liebender, wie ein Betrun-
kener, wie ein Verräter. Es ist ganz und gar ein Laster und
führt ins Unglück. Wie lang werde ich es in den Ofen hineinschreien können — das ist die Frage.

DER KLEINE MÖNCH *zeigt auf eine Stelle in den Papieren:*
Diesen Satz verstehe ich nicht.

GALILEI: Ich erkläre ihn dir, ich erkläre ihn dir.

9

NACH ACHTJÄHRIGEM SCHWEIGEN WIRD GALILEI DURCH DIE
THRONBESTEIGUNG EINES NEUEN PAPSTES, DER SELBST WISSEN-
SCHAFTLER IST, ERMUTIGT, SEINE FORSCHUNGEN AUF DEM VER-
BOTENEN FELD WIEDER AUFZUNEHMEN. DIE SONNENFLECKEN.

> Die Wahrheit im Sacke
> Die Zung in der Backe
> Schwieg er acht Jahre, dann war's ihm zu lang.
> Wahrheit, geh deinen Gang.

Haus des Galilei in Florenz

*Galileis Schüler, Federzoni, der kleine Mönch und Andrea Sarti,
jetzt ein junger Mann, sind zu einer experimentellen Vorlesung
versammelt. Galilei selber liest stehend in einem Buch. — Virginia
und die Sarti nähen Brautwäsche.*

VIRGINIA: Aussteuernähen ist lustiges Nähen. Das ist für
einen langen Gästetisch, Ludovico hat gern Gäste. Es muß
nur ordentlich sein, seine Mutter sieht jeden Faden. Sie ist
mit Vaters Büchern nicht einverstanden. So wenig wie Pater
Christophorus.

FRAU SARTI: Er hat seit Jahren kein Buch mehr geschrieben.

VIRGINIA: Ich glaube, er hat eingesehen, daß er sich getäuscht
hat. In Rom hat mir ein sehr hoher geistlicher Herr vieles
aus der Astronomie erklärt. Die Entfernungen sind zu weit.

ANDREA *während er das Pensum des Tages auf die Tafel
schreibt:* „Donnerstag nachmittag. Schwimmende Körper."
— Wieder Eis, Schaff mit Wasser; Waage; eiserne Nadel;
Aristoteles.

*Er holt die Gegenstände. Die andern lesen in Büchern nach.
Eintritt Filippo Mucius, ein Gelehrter in mittleren Jahren. Er
zeigt ein etwas verstörtes Wesen.*

MUCIUS: Könnten Sie Herrn Galilei sagen, daß er mich empfangen muß? Er verdammt mich, ohne mich zu hören.

FRAU SARTI: Aber er will Sie doch nicht empfangen.

MUCIUS: Gott wird es Ihnen lohnen, wenn Sie ihn darum bitten. Ich muß ihn sprechen.

VIRGINIA *geht zur Treppe:* Vater!

GALILEI: Was gibt es?

VIRGINIA: Herr Mucius!

GALILEI *brüsk aufsehend, geht zur Treppe, seine Schüler hinter sich:* Was wünschen Sie?

MUCIUS: Herr Galilei, ich bitte Sie um die Erlaubnis, Ihnen die Stellen in meinem Buch zu erklären, wo eine Verdammung der kopernikanischen Lehren von der Drehung der Erde vorzuliegen scheint. Ich habe . . .

GALILEI: Was wollen Sie da erklären? Sie befinden sich in Übereinstimmung mit dem Dekret der Heiligen Kongregation von 1616. Sie sind vollständig in Ihrem Recht. Sie haben zwar hier Mathematik studiert, aber das gibt uns kein Recht, von Ihnen zu hören, daß zweimal zwei vier ist. Sie haben das volle Recht zu sagen, daß dieser Stein — *er zieht einen kleinen Stein aus der Tasche und wirft ihn in den Flur hinab* — soeben nach oben geflogen ist, ins Dach.

MUCIUS: Herr Galilei, ich . . .

GALILEI: Sagen Sie nichts von Schwierigkeiten! Ich habe mich von der Pest nicht abhalten lassen, meine Notierungen fortzusetzen.

MUCIUS: Herr Galilei, die Pest ist nicht das schlimmste.

GALILEI: Ich sage Ihnen: Wer die Wahrheit nicht weiß, der ist bloß ein Dummkopf. Aber wer sie weiß und sie eine Lüge nennt, der ist ein Verbrecher! Gehen Sie hinaus aus meinem Haus!

MUCIUS *tonlos:* Sie haben recht. *Er geht hinaus.*

    Galilei geht wieder in sein Studierzimmer.

FEDERZONI: Das ist leider so. Er ist kein großer Mann und gälte wohl gar nichts, wenn er nicht Ihr Schüler gewesen wäre. Aber jetzt sagen sie natürlich: Er hat alles gehört, was Galilei zu lehren hatte, und er muß zugeben, es ist alles falsch.

FRAU SARTI: Der Herr tut mir leid.

VIRGINIA: Vater mochte ihn zu gern.

FRAU SARTI: Ich wollte mit dir gern über deine Heirat sprechen, Virginia. Du bist noch ein so junges Ding, und eine Mutter hast du nicht, und dein Vater legt diese Eisstückchen aufs Wasser. Jedenfalls würde ich dir nicht raten, ihn irgend etwas in bezug auf deine Ehe zu fragen. Er würde eine Woche lang, und zwar beim Essen und wenn die jungen Leute dabei sind, die schrecklichsten Sachen sagen, da er nicht für einen halben Skudo Schamgefühl hat, nie hatte. Ich meine auch nicht solche Sachen, sondern einfach, wie die Zukunft sein wird. Ich kann auch nichts wissen, ich bin eine ungebildete Person. In eine so ernste Angelegenheit geht man aber nicht blind hinein. Ich meine wirklich, du solltest zu einem richtigen Astronomen an der Universität gehen, damit er dir das Horoskop stellt, dann weißt du, woran du bist. Warum lachst du?

VIRGINIA: Weil ich dort war.

FRAU SARTI *sehr begierig:* Was sagte er?

VIRGINIA: Drei Monate lang muß ich achtgeben, weil da die Sonne im Steinbock steht, aber dann bekomme ich einen äußerst günstigen Aszendenten, und die Wolken zerteilen sich. Wenn ich den Jupiter nicht aus den Augen lasse, kann ich jede Reise unternehmen, da ich ein Steinbock bin.

FRAU SARTI: Und Ludovico?

VIRGINIA: Er ist ein Löwe. *Nach einer kleinen Pause:* Er soll sinnlich sein.

Pause.

VIRGINIA: Diesen Schritt kenne ich. Das ist der Rektor, Herr Gaffone.

Eintritt Herr Gaffone, der Rektor der Universität.

GAFFONE: Ich bringe nur ein Buch, das Ihren Vater vielleicht interessiert. Bitte um des Himmels willen, Herrn Galilei nicht zu stören. Ich kann mir nicht helfen, ich habe immer den Eindruck, daß man jede Minute, die man diesem großen

Mann stiehlt, Italien stiehlt. Ich lege das Buch fein säuberlich in Ihre Hände und gehe weg, auf Fußspitzen.

Er geht ab. Virginia gibt das Buch Federzoni.

GALILEI: Worüber ist es?

FEDERZONI: Ich weiß nicht. *Buchstabiert:* „De maculis in sole."

ANDREA: Über die Sonnenflecken. Wieder eines!

Federzoni händigt es ihm ärgerlich aus.

ANDREA: Horch auf die Widmung! „Der größten lebenden Autorität in der Physik, Galileo Galilei."

Galilei hat sich wieder in sein Buch vertieft.

ANDREA: Ich habe den Traktat des Fabrizius aus Holland über die Flecken gelesen. Er glaubt, es sind Sternenschwärme, die zwischen Erde und Sonne vorüberziehen.

DER KLEINE MÖNCH: Ist das nicht zweifelhaft, Herr Galilei?

Galilei antwortet nicht.

ANDREA: In Paris und Prag glaubt man, es sind Dünste von der Sonne.

FEDERZONI: Hm.

ANDREA: Federzoni bezweifelt das.

FEDERZONI: Laßt mich gefälligst draußen. Ich habe „Hm" gesagt, das ist alles. Ich bin der Linsenschleifer, ich schleife Linsen, und ihr schaut durch und beobachtet den Himmel, und was ihr seht, sind nicht Flecken, sondern „maculis". Wie soll ich an irgend etwas zweifeln? Wie oft soll ich euch noch sagen, daß ich nicht die Bücher lesen kann, sie sind in Latein.

Im Zorn gestikuliert er mit der Waage. Eine Schale fällt zu Boden. Galilei geht hinüber und hebt sie schweigend vom Boden auf.

DER KLEINE MÖNCH: Da ist Glückseligkeit im Zweifeln; ich frage mich, warum.

ANDREA: Ich bin seit zwei Wochen an jedem sonnigen Tag auf den Hausboden geklettert, unter das Schindeldach. Durch die feinen Risse der Schindeln fällt nur ein dünner Strahl. Da kann man das umgekehrte Sonnenbild auf einem Blatt Papier auffangen. Ich habe einen Flecken gesehen, groß wie eine Fliege, verwischt wie ein Wölkchen. Er wanderte. Warum untersuchen wir die Flecken nicht, Herr Galilei?

GALILEI: Weil wir über schwimmende Körper arbeiten.

ANDREA: Mutter hat Waschkörbe voll von Briefen. Ganz Europa fragt nach Ihrer Meinung. Ihr Ansehen ist so gewachsen, daß Sie nicht schweigen können.

GALILEI: Rom hat mein Ansehen wachsen lassen, weil ich geschwiegen habe.

FEDERZONI: Aber jetzt können Sie sich Ihr Schweigen nicht mehr leisten.

GALILEI: Ich kann es mir auch nicht leisten, daß man mich über einem Holzfeuer röstet wie einen Schinken.

ANDREA: Denken Sie denn, die Flecken haben mit dieser Sache zu tun?

Galilei antwortet nicht.

ANDREA: Gut, halten wir uns an die Eisstückchen; das kann Ihnen nicht schaden.

GALILEI: Richtig. — Unsere These, Andrea!

ANDREA: Was das Schwimmen angeht, so nehmen wir an, daß es nicht auf die Form eines Körpers ankommt, sondern darauf, ob er leichter oder schwerer ist als das Wasser.

GALILEI: Was sagt Aristoteles?

DER KLEINE MÖNCH: „Discus Latus platique . . .“

GALILEI: Übersetzen, übersetzen!

DER KLEINE MÖNCH: „Eine breite und flache Eisscheibe vermag auf dem Wasser zu schwimmen, während eine eiserne Nadel untersinkt.“

GALILEI: Warum sinkt nach dem Aristoteles das Eis nicht?

DER KLEINE MÖNCH: Weil es breit und flach ist und so das Wasser nicht zu zerteilen vermag.

GALILEI: Schön. *Er nimmt ein Eisstück entgegen und legt es in das Schaff.* Jetzt presse ich das Eis gewaltsam auf den Boden des Gefäßes. Ich entferne den Druck meiner Hände. Was geschieht?

DER KLEINE MÖNCH: Es steigt wieder in die Höhe.

GALILEI: Richtig. Anscheinend vermag es beim Emporsteigen das Wasser zu zerteilen. Fulganzio!

DER KLEINE MÖNCH: Aber warum schwimmt es denn überhaupt? Eis ist schwerer als Wasser, da es verdichtetes Wasser ist.

GALILEI: Wie wenn es verdünntes Wasser wäre?

ANDREA: Es muß leichter sein als Wasser, sonst schwämme es nicht.

GALILEI: Aha.

ANDREA: So wenig wie eine eiserne Nadel schwimmt. Alles, was leichter ist, als Wasser ist, schwimmt, und alles, was schwerer ist, sinkt. Was zu beweisen war.

GALILEI: Andrea, du mußt lernen, vorsichtig zu denken. Gib mir die eiserne Nadel. Ein Blatt Papier. Ist Eisen schwerer als Wasser?

ANDREA: Ja.

Galilei legt die Nadel auf ein Stück Papier und flößt sie auf das Wasser.
Pause.

GALILEI: Was geschieht?

FEDERZONI: Die Nadel schwimmt! Heiliger Aristoteles, sie haben ihn niemals überprüft! *Sie lachen.*

GALILEI: Eine Hauptursache der Armut in den Wissenschaften ist meist eingebildeter Reichtum. Es ist nicht ihr Ziel, der unendlichen Weisheit eine Tür zu öffnen, sondern eine Grenze zu setzen dem unendlichen Irrtum. Macht eure Notizen.

VIRGINIA: Was ist?

FRAU SARTI: Jedesmal, wenn sie lachen, kriege ich einen kleinen Schreck. Worüber lachen sie? denke ich.

VIRGINIA: Vater sagt: Die Theologen haben ihr Glockenläuten, und die Physiker haben ihr Lachen.

FRAU SARTI: Aber ich bin froh, daß er wenigstens nicht mehr so oft durch sein Rohr schaut. Das war noch schlimmer.

VIRGINIA: Jetzt legt er doch nur Eisstücke aufs Wasser, da kann nicht viel Schlimmes dabei herauskommen.

FRAU SARTI: Ich weiß nicht.

Herein Ludovico Marsili in Reisekleidung, gefolgt von einem Bedienten, der Gepäckstücke trägt. Virginia läuft auf ihn zu und umarmt ihn.

VIRGINIA: Warum hast du mir nicht geschrieben, daß du kommen willst?

LUDOVICO: Ich war nur in der Nähe, unsere Weinberge bei Bucciole zu studieren, und konnte mich nicht weghalten.

GALILEI *wie kurzsichtig:* Wer ist das?

VIRGINIA: Ludovico.

DER KLEINE MÖNCH: Können Sie ihn nicht sehen?

GALILEI: O ja, Ludovico. *Geht ihm entgegen.* Was machen die Pferde?

LUDOVICO: Sie sind wohlauf, Herr.

GALILEI: Sarti, wir feiern. Hol einen Krug von diesem sizilischen Wein, dem alten!

Sarti ab mit Andrea.

LUDOVICO *zu Virginia:* Du siehst blaß aus. Das Landleben wird dir bekommen. Die Mutter erwartet dich im September.

VIRGINIA: Wart, ich zeig dir das Brautkleid! *Läuft hinaus.*

GALILEI: Setz dich.

LUDOVICO: Ich höre, Sie haben mehr als tausend Studenten in Ihren Vorlesungen an der Universität, Herr. An was arbeiten Sie im Augenblick?

GALILEI: Tägliches Einerlei. Kommst du über Rom?

LUDOVICO: Ja. — Bevor ich es vergesse, die Mutter beglückwünscht Sie zu Ihrem bewunderungswürdigen Takt angesichts der neuen Sonnenfleckenorgien der Holländer.

GALILEI *trocken:* Besten Dank.

Sarti und Andrea bringen Wein und Gläser. Man gruppiert sich um den Tisch.

LUDOVICO: Rom hat wieder sein Tagesgespräch für den Februar. Christopher Clavius drückte die Befürchtung aus, der ganze Erde-um-die-Sonne-Zirkus möchte wieder von vorn anfangen durch diese Sonnenflecken.

ANDREA: Keine Sorge.

GALILEI: Sonstige Neuigkeiten aus der Heiligen Stadt, abgesehen von den Hoffnungen auf neue Sünden meinerseits?

LUDOVICO: Ihr wißt natürlich, daß der Heilige Vater im Sterben liegt?

DER KLEINE MÖNCH: Oh.

GALILEI: Wer wird als Nachfolger genannt?

LUDOVICO: Meistenteils Barberini.

GALILEI: Barberini.

ANDREA: Herr Galilei kennt Barberini.

DER KLEINE MÖNCH: Kardinal Barberini ist Mathematiker.

FEDERZONI: Ein Wissenschaftler auf dem Heiligen Stuhl!

Pause.

GALILEI: So, sie brauchen jetzt Männer wie Barberini, die etwas Mathematik gelesen haben! Die Dinge kommen in Bewegung. Federzoni, wir mögen noch eine Zeit erleben, wo wir uns nicht mehr wie Verbrecher umzublicken haben, wenn wir sagen: zweimal zwei ist vier. *Zu Ludovico:* Der Wein schmeckt mir, Ludovico. Was sagst du zu ihm?

LUDOVICO: Er ist gut.

GALILEI: Ich kenne den Weinberg. Der Hang ist steil und steinig, die Traube fast blau. Ich liebe diesen Wein.

LUDOVICO: Ja, Herr.

GALILEI: Er hat kleine Schatten in sich. Und er ist beinahe süß, läßt es aber bei dem „beinahe" bewenden. — Andrea, räum das Zeug weg, Eis, Schaff und Nadel. — Ich schätze die Tröstungen des Fleisches. Ich habe keine Geduld mit den feigen Seelen, die dann von Schwächen sprechen. Ich sage: Genießen ist eine Leistung.

DER KLEINE MÖNCH: Was beabsichtigen Sie?

FEDERZONI: Wir beginnen wieder mit dem Erde-um-die-Sonne-Zirkus.

ANDREA *summend:*
>   Die Schrift sagt, sie steht still. Und die Doktoren
>   Beweisen, daß sie still steht, noch und noch.
>   Der Heilige Vater nimmt sie bei den Ohren
>   Und hält sie fest. Und sie bewegt sich doch.

Andrea, Federzoni und der kleine Mönch eilen zum Experimentiertisch und räumen ihn ab.

ANDREA: Wir könnten herausfinden, daß die Sonne sich ebenfalls dreht. Wie würde dir das gefallen, Marsili?

LUDOVICO: Woher die Erregung?

FRAU SARTI: Sie wollen doch nicht wieder mit diesem Teufelszeug anfangen, Herr Galilei?

GALILEI: Ich weiß jetzt, warum deine Mutter dich zu mir schickte. Barberini im Aufstieg! Das Wissen wird eine Leidenschaft sein und die Forschung eine Wollust. Clavius hat recht, diese Sonnenflecken interessieren mich. Schmeckt dir mein Wein, Ludovico?

LUDOVICO: Ich sagte es Ihnen, Herr.

GALILEI: Er schmeckt dir wirklich?

LUDOVICO *steif:* Er schmeckt mir.

GALILEI: Würdest du so weit gehen, eines Mannes Wein oder Tochter anzunehmen, ohne zu verlangen, daß er seinen Beruf an den Nagel hängt? Was hat meine Astronomie mit meiner Tochter zu tun? Die Phasen der Venus ändern ihren Hintern nicht.

FRAU SARTI: Seien Sie nicht so ordinär. Ich hole sofort Virginia.

LUDOVICO *hält sie zurück:* Die Ehen in Familien wie der meinen werden nicht nur nach geschlechtlichen Gesichtspunkten geschlossen.

GALILEI: Hat man dich acht Jahre lang zurückgehalten, meine Tochter zu ehelichen, während ich eine Probezeit zu absolvieren hatte?

LUDOVICO: Meine Frau wird auch im Kirchenstuhl unserer Dorfkirche Figur machen müssen.

GALILEI: Du meinst, deine Bauern werden es von der Heiligkeit der Gutsherrin abhängig machen, ob sie Pachtzinsen zahlen oder nicht?

LUDOVICO: In gewisser Weise.

GALILEI: Andrea, Fulganzio, holt den Messingspiegel und den Schirm! Darauf werfen wir das Sonnenbild, unsrer Augen wegen; das ist deine Methode, Andrea.

Andrea und der kleine Mönch holen Spiegel und Schirm.

LUDOVICO: Sie haben in Rom seinerzeit unterschrieben, daß Sie sich nicht mehr in diese Erde-um-die-Sonne-Sache einmischen würden, Herr.

GALILEI: Ach das! Damals hatten wir einen rückschrittlichen Papst!

FRAU SARTI: Hatten! Und Seine Heiligkeit ist noch nicht einmal gestorben!

GALILEI: Nahezu, nahezu! — Legt ein Netz von Quadraten über den Schirm. Wir gehen methodisch vor. Und dann werden wir ihnen ihre Briefe beantworten können, wie, Andrea?

FRAU SARTI: „Nahezu!" Fünfzigmal wiegt der Mann seine Eisstückchen ab, aber wenn es zu etwas kommt, was in seinen Kram paßt, glaubt er es blind!

Der Schirm wird aufgestellt.

LUDOVICO: Sollte Seine Heiligkeit sterben, Herr Galilei, wird der nächste Papst, wer immer es sein wird und wie groß immer seine Liebe zu den Wissenschaften sein mag, doch auch beachten müssen, wie groß die Liebe ist, welche die vornehmsten Familien des Landes zu ihm fühlen.

DER KLEINE MÖNCH: Gott machte die physische Welt, Ludovico; Gott machte das menschliche Gehirn; Gott wird die Physik erlauben.

FRAU SARTI: Galileo, jetzt werde ich dir etwas sagen. Ich habe

meinen Sohn in Sünde fallen sehen für diese „Experimente"
und „Theorien" und „Observationen", und ich habe nichts
machen können. Du hast dich aufgeworfen gegen die Obrig-
keiten, und sie haben dich schon einmal verwarnt. Die höchsten Kardinäle haben in dich hineingeredet wie in ein krankes
Roß. Es hat eine Zeitlang geholfen, aber vor zwei Monaten,
kurz nach Mariae Empfängnis habe ich dich wieder erwischt,
wie du insgeheim mit diesen „Observationen" angefangen
hast. Auf dem Dachboden! Ich habe nicht viel gesagt, aber
ich wußte Bescheid. Ich bin gelaufen und habe eine Kerze
gespendet für den Heiligen Joseph. Es geht über meine
Kräfte. Wenn ich allein mit dir bin, zeigst du Anzeichen von
Verstand und sagst mir, du weißt, du mußt dich verhalten,
weil es gefährlich ist, aber zwei Tage Experimente, und es ist
so schlimm mit dir wie je. Wenn ich meine ewige Seligkeit
einbüße, weil ich zu einem Ketzer halte, das ist meine Sache,
aber du hast kein Recht, auf dem Glück deiner Tochter
herumzutrampeln mit deinen großen Füßen!

GALILEI *mürrisch:* Bringt das Teleskop!

LUDOVICO: Giuseppe, bring das Gepäck zurück in die
Kutsche.

Der Bediente ab.

FRAU SARTI: Das übersteht sie nicht. Sie können es ihr selber
sagen!

Läuft weg, noch den Krug in Händen.

LUDOVICO: Ich sehe, Sie haben Ihre Vorbereitungen getroffen.
Herr Galilei, die Mutter und ich leben dreiviertel des Jahres
auf dem Gut in der Campagna, und wir können Ihnen bezeugen, daß unsere Bauern sich durch Ihre Traktate über die
Trabanten des Jupiter nicht beunruhigen. Ihre Feldarbeit ist
zu schwer. Jedoch könnte es sie verstören, wenn sie erführen,
daß frivole Angriffe auf die heiligen Doktrinen der Kirche
nunmehr ungestraft blieben. Vergessen Sie nicht ganz, daß
diese Bedauernswerten in ihrem vertierten Zustand alles
durcheinanderbringen. Sie sind wirkliche Tiere, Sie können

sich das kaum vorstellen. Auf das Gerücht, daß auf einem Apfelbaum eine Birne gesehen wurde, laufen sie von der Feldarbeit weg, um darüber zu schwatzen.

GALILEI *interessiert:* Ja?

LUDOVICO: Tiere. Wenn sie aufs Gut kommen, sich über eine Kleinigkeit zu beschweren, ist die Mutter gezwungen, vor ihren Augen einen Hund auspeitschen zu lassen, das allein kann sie an Zucht und Ordnung und Höflichkeit erinnern. Sie, Herr Galilei, sehen gelegentlich von der Reisekutsche aus blühende Maisfelder, Sie essen geistesabwesend unsere Oliven und unsern Käse, und Sie haben keine Ahnung, welche Mühe es kostet, das zu ziehen, wieviel Aufsicht!

GALILEI: Junger Mann, ich esse meine Oliven nicht geistes-abwesend. *Grob:* Du hältst mich auf. *Ruft hinaus:* Habt ihr den Schirm?

ANDREA: Ja. Kommen Sie?

GALILEI: Ihr peitscht nicht nur Hunde, um sie in Zucht zu halten, wie, Marsili?

LUDOVICO: Herr Galilei. Sie haben ein wunderbares Gehirn. Schade.

DER KLEINE MÖNCH *erstaunt:* Er droht Ihnen.

GALILEI: Ja, ich könnte seine Bauern aufstören, neue Ge-danken zu denken. Und seine Dienstleute und seine Verwalter.

FEDERZONI: Wie? Keiner von ihnen liest Latein.

GALILEI: Ich könnte in der Sprache des Volkes schreiben, für die vielen, anstatt in Latein für die wenigen. Für die neuen Gedanken brauchen wir Leute, die mit den Händen arbeiten. Wer sonst wünscht zu erfahren, was die Ursachen der Dinge sind? Die das Brot nur auf dem Tische sehen, wollen nicht wissen, wie es gebacken wurde; das Pack dankt lieber Gott als dem Bäcker. Aber die das Brot machen, werden ver-stehen, daß nichts sich bewegt, was nicht bewegt wird. Deine Schwester an der Olivenpresse, Fulganzio, wird sich nicht groß wundern, sondern vermutlich lachen, wenn sie hört, daß die Sonne kein goldenes Adelsschild ist, sondern ein Hebel: die Erde bewegt sich, weil die Sonne sie bewegt.

LUDOVICO: Sie werden für immer der Sklave Ihrer Leidenschaften sein. Entschuldigen Sie mich bei Virginia; ich denke, es ist besser, ich sehe sie jetzt nicht.

GALILEI: Die Mitgift steht zu Ihrer Verfügung, jederzeit.

LUDOVICO: Guten Tag. *Er geht.*

ANDREA: Und empfehlen Sie uns allen Marsilis!

FEDERZONI: Die der Erde befehlen stillzustehen, damit ihre Schlösser nicht herunterpurzeln!

ANDREA: Und den Cenzis und den Villanis!

FEDERZONI: Den Cervillis!

ANDREA: Den Lecchis!

FEDERZONI: Den Pirleonis!

ANDREA: Die dem Papst nur die Füße küssen wollen, wenn er damit das Volk niedertritt!

DER KLEINE MÖNCH *ebenfalls an den Apparaten:* Der neue Papst wird ein aufgeklärter Mann sein.

GALILEI: So treten wir ein in die Beobachtung dieser Flecken an der Sonne, welche uns interessieren, auf eigene Gefahr, ohne zuviel auf den Schutz eines neuen Papstes zu zählen.

ANDREA *unterbrechend:* Aber mit voller Zuversicht, Herrn Fabrizius' Sternschatten und die Sonnendünste von Prag und Paris zu zerstreuen und zu beweisen die Rotation der Sonne.

GALILEI: Um mit einiger Zuversicht, die Rotation der Sonne zu beweisen. Meine Absicht ist nicht, zu beweisen, daß ich bisher recht gehabt habe, sondern: herauszufinden, ob. Ich sage: laßt alle Hoffnung fahren, ihr, die ihr in die Beobachtung eintretet. Vielleicht sind es Dünste, vielleicht sind es Flecken, aber bevor wir Flecken annehmen, welche uns gelegen kämen, wollen wir lieber annehmen, daß es Fischschwänze sind. Ja, wir werden alles, alles noch einmal in Frage stellen. Und wir werden nicht mit Siebenmeilenstiefeln vorwärtsgehen, sondern im Schneckentempo. Und was wir heute finden, werden wir morgen von der Tafel streichen und erst wieder anschreiben, wenn wir es noch einmal gefunden haben. Und was wir zu finden wünschen, das werden wir, gefunden, mit besonderem Mißtrauen ansehen. Also werden wir an die Beobachtung der Sonne herangehen mit dem un-

erbittlichen Entschluß, den S t i l l s t a n d der Erde nachzu-
weisen! Und erst wenn wir gescheitert sind, vollständig und
hoffnungslos geschlagen und unsere Wunden leckend, in
traurigster Verfassung, werden wir zu fragen anfangen, ob
wir nicht doch recht gehabt haben und die Erde sich dreht!
Mit einem Zwinkern: Sollte uns aber dann jede andere Annahme als diese unter den Händen zerronnen sein, dann keine
Gnade mehr mit denen, die nicht geforscht haben und doch
reden. Nehmt das Tuch vom Rohr und richtet es auf die
Sonne!

Er stellt den Messingspiegel ein.

DER KLEINE MÖNCH: Ich wußte, daß Sie schon mit der Arbeit
begonnen hatten. Ich wußte es, als Sie Herrn Marsili nicht
erkannten.

*Sie beginnen schweigend die Untersuchung. Wenn das flammende
Abbild der Sonne auf dem Schirm erscheint, kommt Virginia
gelaufen, im Brautkleid.*

VIRGINIA: Du hast ihn weggeschickt, Vater!

*Sie wird ohnmächtig. Andrea und der kleine Mönch eilen auf
sie zu.*

GALILEI: Ich muß es wissen.

10

IM FOLGENDEN JAHRZEHNT FINDET GALILEIS LEHRE BEIM VOLK
VERBREITUNG. PAMPHLETISTEN UND BALLADENSÄNGER GREIFEN
ÜBERALL DIE NEUEN IDEEN AUF. WÄHREND DER FASTNACHT
1632 WÄHLEN VIELE STÄDTE ITALIENS ALS THEMA DER FAST-
NACHTSUMZÜGE DER GILDEN DIE ASTRONOMIE.

Marktplatz

Ein halb verhungertes Schaustellerpaar mit einem fünfjährigen
Mädchen und einem Säugling kommt auf einen Marktplatz, wo
eine Menge, teilweise maskiert, auf den Fastnachtsumzug wartet.
Beide schleppen Bündel, eine Trommel und andere Utensilien.

DER BALLADENSÄNGER *trommelnd:* Geehrte Einwohner,
Damen und Herrn! Vor der großen Fastnachtsprozession
der Gilden bringen wir das neueste Florentiner Lied, das
man in ganz Oberitalien singt und das wir mit großen Kosten
hier importiert haben. Es betitelt sich: Die erschröckliche
Lehre und Meinung des Herrn Hofphysikers Galileo Galilei
oder Ein Vorgeschmack der Zukunft.

Er singt:

Als der Allmächtige sprach sein großes Werde
Rief er die Sonn, daß die auf sein Geheiß
Ihm eine Lampe trage um die Erde
Als kleine Magd in ordentlichem Kreis.
Denn sein Wunsch war, daß sich ein jeder kehr
Fortan um den, der besser ist als er.
Und es begannen sich zu kehren
Um die Gewichtigen die Minderen
Um die Vorderen die Hinteren
Wie im Himmel, so auch auf Erden.
Und um den Papst zirkulieren die Kardinäle.
Und um die Kardinäle zirkulieren die Bischöfe.

Und um die Bischöfe zirkulieren die Sekretäre.
Und um die Sekretäre zirkulieren die Stadtschöffen.
Und um die Stadtschöffen zirkulieren die Handwerker.
Und um die Handwerker zirkulieren die Dienstleute.
Und um die Dienstleute zirkulieren die Hunde, die Hühner
  und die Bettler.

Das, ihr guten Leute, ist die Große Ordnung, ordo ordinum,
wie die Herren Theologen sagen, regula aeternis, die Regel
der Regeln, aber was, ihr lieben Leute, geschah?

Er singt:

Auf stund der Doktor Galilei
(Schmiß die Bibel weg, zückte sein Fernrohr,
warf einen Blick auf das Universum)
Und sprach zur Sonn: Bleib stehn!
Es soll jetzt die creatio dei
Mal andersrum sich drehn.
Jetzt soll sich mal die Herrin, he!
Um ihre Dienstmagd drehn.
Das ist doch allerhand? Ihr Leut, das ist kein Scherz!
Die Dienstleut werden sowieso tagtäglich dreister!
Denn eins ist wahr: Spaß ist doch rar. Und Hand aufs
  Herz:
Wer wär nicht auch mal gern sein eigner Herr und
  Meister?

Geehrte Einwohner, solche Lehren sind ganz unmöglich.

Er singt:

Der Knecht würd faul, die Magd würd keß
Der Schlachterhund würd fett
Der Meßbub käm nicht mehr zur Meß
Der Lehrling blieb im Bett.
Nein, nein, nein! Mit der Bibel, Leut, treibt keinen Scherz!
Macht man den Strick uns ums Genick nicht dick, dann
  reißt er!

Denn eins ist wahr: Spaß ist doch rar. Und Hand aufs
　Herz:
Wer wär nicht auch mal gern sein eigner Herr und Meister?

Ihr guten Leute, werft einen Blick in die Zukunft, wie der
gelehrte Doktor Galileo Galilei sie voraussagt:

Er singt:

Zwei Hausfraun stehn am Fischmarkt draus
Und wissen nicht aus noch ein:
Das Fischweib zieht ein' Brotkipf raus
Und frißt ihren Fisch allein!
Der Maurer hebt den Baugrund aus
Und holt des Bauherrn Stein
Und wenn er's dann gebaut, das Haus
Dann zieht er selber ein!
Ja, darf denn das sein? Nein, nein, nein, das ist kein Scherz!
Macht man den Strick uns ums Genick nicht dick, dann
　reißt er!
Denn eins ist wahr: Spaß ist doch rar. Und Hand aufs
　Herz:
Wer wär nicht auch mal gern sein eigner Herr und Meister?
Der Pächter tritt jetzt in den Hintern
Den Pachtherrn ohne Scham
Die Pächtersfrau gibt ihren Kindern
Milch, die der Pfaff bekam.
Nein, nein, ihr Leut! Mit der Bibel, Leut, treibt keinen
　Scherz!
Macht man den Strick uns ums Genick nicht dick, dann
　reißt er!
Denn eins ist wahr: Spaß ist doch rar. Und Hand aufs
　Herz:
Wer wär nicht auch mal gern sein eigner Herr und Meister?

DAS WEIB DES SÄNGERS:
Jüngst bin ich aus der Reih getanzt.
Da sagte ich zu meinem Mann:

Will sehen, ob nicht, was du kannst
Ein andrer Fixstern besser kann.

DER SÄNGER:

Nein, nein, nein, nein, nein, nein! Schluß, Galilei, Schluß!
Nehmt einem tollen Hund den Maulkorb ab, dann beißt er?
Freilich, 's ist wahr: Spaß ist halt rar und muß ist muß:
Wer wär nicht auch mal gern sein eigner Herr und Meister.

BEIDE:

Ihr, die auf Erden lebt in Ach und Weh
Auf, sammelt eure schwachen Lebensgeister
Und lernt vom guten Doktor Galuleh
Des Erdenglückes großes ABC.
Gehorsam war des Menschen Kreuz von je!
Wer wär nicht auch mal gern sein eigner Herr und Meister?

DER SÄNGER: Geehrte Einwohner, seht Galileo Galileis phäno-
menale Entdeckung: Die Erde kreisend um die Sonne!

*Er bearbeitet heftig die Trommel. Das Weib und das Kind treten
vor. Das Weib hält ein rohes Abbild der Sonne, und das Kind,
über dem Kopf einen Kürbis, Abbild der Erde, haltend, umkreist
das Weib. Der Sänger deutet exaltiert auf das Kind, als vollführe
es einen gefährlichen Salto mortale, wenn es auf einzelne Trom-
melschläge ruckartig Schritt für Schritt macht. Dann kommt
Trommelschlag von hinten.*

EINE TIEFE STIMME *ruft:* Die Prozession!

*Herein zwei Männer in Lumpen, die ein Wägelchen ziehen. Auf
einem lächerlichen Thron sitzt „der Großherzog von Florenz"
mit einer Pappendeckelkrone, gekleidet in Sackleinwand, der
durch ein Teleskop späht. Über dem Thron ein Schild „Schaut
aus nach Verdruß". Dann marschieren vier maskierte Männer
ein, die eine große Blache tragen. Sie halten an und schleudern
eine Puppe in die Luft, die einen Kardinal darstellt. Ein Zwerg
hat sich seitwärts aufgestellt mit einem Schild „Das neue Zeitalter". In der Menge hebt sich ein Bettler an seinen Krücken hoch*

und stampft tanzend auf den Boden, bis er krachend niederfällt.
Herein eine überlebensgroße Puppe, Galileo Galilei, die sich vor
dem Publikum verbeugt. Vor ihr trägt ein Kind eine riesige Bibel,
aufgeschlagen, mit ausgekreuzten Seiten.

DER BALLADENSÄNGER: Galileo Galilei, der Bibelzertrümmerer!

Großes Gelächter der Menge.

11

1633: DIE INQUISITION BEORDERT DEN WELTBEKANNTEN
FORSCHER NACH ROM.

Die Tief ist heiß, die Höh'n sind kühl
Die Gass ist laut, der Hof ist still.

Vorzimmer und Treppe im Palast der Medici in Florenz

*Galilei und seine Tochter warten, vom Großherzog vorgelassen
zu werden.*

VIRGINIA: Es dauert lang.

GALILEI: Ja.

VIRGINIA: Da ist dieser Mensch wieder, der uns hierher folgte.
*Sie weist auf ein Individuum, das vorbeigeht, ohne sie zu
beachten.*

GALILEI *dessen Augen gelitten haben:* Ich kenne ihn nicht.

VIRGINIA: Aber ich habe ihn öfter gesehen in den letzten
Tagen. Er ist mir unheimlich.

GALILEI: Unsinn. Wir sind in Florenz und nicht unter
korsischen Räubern.

VIRGINIA: Da kommt Rektor Gaffone.

GALILEI: Den fürchte ich. Der Dummkopf wird mich wieder
in ein stundenlanges Gespräch verwickeln.

*Die Treppe herab kommt Herr Gaffone, der Rektor der Uni-
versität. Er erschrickt deutlich, als er Galilei sieht, und geht, den
Kopf krampfhaft weggedreht, steif an den beiden vorüber, kaum
nickend.*

GALILEI: Was ist in den gefahren? Meine Augen sind heute
wieder schlecht. Hat er überhaupt gegrüßt?

VIRGINIA: Kaum. — Was steht in deinem Buch? Ist es
möglich, daß man es für ketzerisch hält?

GALILEI: Du hängst zuviel in den Kirchen herum. Das Früh-
aufstehen und Indiemesselaufen verdirbt deinen Teint noch
vollends. Du betest für mich, wie?

VIRGINIA: Da ist Herr Vanni, der Eisengießer, für den du die Schmelzanlage entworfen hast. Vergiß nicht, dich für die Wachteln zu bedanken.

Die Treppe herab ist ein Mann gekommen.

VANNI: Haben die Wachteln geschmeckt, die ich Ihnen schickte, Herr Galilei?

GALILEI: Die Wachteln waren exzellent, Meister Vanni, nochmals besten Dank.

VANNI: Oben war von Ihnen die Rede. Man macht Sie verantwortlich für die Pamphlete gegen die Bibel, die neuerdings überall verkauft werden.

GALILEI: Von Pamphleten weiß ich nichts. Die Bibel und der Homer sind meine Lieblingslektüre.

VANNI: Und auch, wenn das nicht so wäre: ich möchte die Gelegenheit benützen, Ihnen zu versichern, daß wir von der Manufaktur auf Ihrer Seite sind. Ich bin nicht ein Mann, der viel von den Bewegungen der Sterne weiß, aber für mich sind Sie der Mann, der für die Freiheit kämpft, neue Dinge lehren zu dürfen. Nehmen Sie diesen mechanischen Kultivator aus Deutschland, den Sie mir beschrieben. Im letzten Jahr allein erschienen fünf Bände über Agrikultur in London. Wir wären hier schon dankbar für ein Buch über die holländischen Kanäle. Dieselben Kreise, die Ihnen Schwierigkeiten machen, erlauben den Ärzten von Bologna nicht, Leichen aufzuschneiden für Forschungszwecke.

GALILEI: Ihre Stimme trägt, Vanni.

VANNI: Das hoffe ich. Wissen Sie, daß sie in Amsterdam und London Geldmärkte haben? Gewerbeschulen ebenfalls. Regelmäßig erscheinende Zeitungen mit Nachrichten. Hier haben wir nicht einmal die Freiheit, Geld zu machen. Man ist gegen Eisengießereien, weil man der Ansicht ist, zu viele Arbeiter an einem Ort fördere die Unmoral! Ich stehe und falle mit Männern wie Sie, Herr Galilei. Wenn man je versuchen sollte, etwas gegen Sie zu machen, dann erinnern Sie sich bitte, daß Sie Freunde in allen Geschäftszweigen haben. Hinter Ihnen stehen die oberitalienischen Städte, Herr.

GALILEI: Soviel mir bekannt ist, hat niemand die Absicht, gegen mich etwas zu machen.

VANNI: Nein?

GALILEI: Nein.

VANNI: Meiner Meinung nach wären Sie in Venedig besser aufgehoben. Weniger Schwarzröcke. Von dort aus könnten Sie den Kampf aufnehmen. Ich habe eine Reisekutsche und Pferde, Herr Galilei.

GALILEI: Ich kann mich nicht als Flüchtling sehen. Ich schätze meine Bequemlichkeit.

VANNI: Sicher. Aber nach dem, was ich da oben hörte, handelt es sich um Eile. Ich habe den Eindruck, man würde Sie gerade jetzt lieber nicht in Florenz wissen.

GALILEI: Unsinn. Der Großherzog ist mein Schüler, und außerdem würde der Papst selber jedem Versuch, mir aus irgend was einen Strick zu drehen, ein geharnischtes Nein entgegensetzen.

VANNI: Sie scheinen Ihre Freunde nicht von Ihren Feinden auseinanderzukennen, Herr Galilei.

GALILEI: Ich kenne Macht von Ohnmacht auseinander. *Er geht brüsk weg.*

VANNI: Schön. Ich wünsche Ihnen Glück. *Ab.*

GALILEI *zurück bei Virginia:* Jeder Nächstbeste mit irgendeiner Beschwerde hierzulande wählt mich als seinen Wortführer, besonders an Orten, wo es mir nicht gerade nützt. Ich habe ein Buch geschrieben über die Mechanik des Universums, das ist alles. Was daraus gemacht oder nicht gemacht wird, geht mich nichts an.

VIRGINIA *laut:* Wenn die Leute wüßten, wie du verurteilt hast, was letzte Fastnacht überall passierte!

GALILEI: Ja. Gib einem Bär Honig, und du wirst deinen Arm einbüßen, wenn das Vieh Hunger hat!

VIRGINIA *leise:* Hat dich der Großherzog überhaupt für heute bestellt?

GALILEI: Nein, aber ich habe mich ansagen lassen. Er will das Buch haben, er hat dafür bezahlt. Frag den Beamten und beschwer dich, daß man uns hier warten läßt.

VIRGINIA *von dem Individuum gefolgt, geht einen Beamten ansprechen:* Herr Mincio, ist Seine Hoheit verständigt, daß mein Vater ihn zu sprechen wünscht?

DER BEAMTE: Wie soll ich das wissen?

VIRGINIA: Das ist keine Antwort.

DER BEAMTE: Nein?

VIRGINIA: Sie haben höflich zu sein.

Der Beamte wendet ihr halb die Schulter zu und gähnt, das Individuum ansehend.

VIRGINIA *zurück:* Er sagt, der Großherzog ist noch beschäftigt.

GALILEI: Ich hörte dich etwas von „höflich" sagen. Was war das?

VIRGINIA: Ich dankte ihm für seine höfliche Auskunft, nichts sonst. Kannst du das Buch nicht hier zurücklassen? Du verlierst nur Zeit.

GALILEI: Ich fange an, mich zu fragen, was diese Zeit wert ist. Möglich, daß ich der Einladung Sagredos nach Padua für ein paar Wochen doch folge. Meine Gesundheit ist nicht die beste.

VIRGINIA: Du könntest nicht ohne deine Bücher leben.

GALILEI: Etwas von dem sizilischen Wein könnte man in ein, zwei Kisten in der Kutsche mitnehmen.

VIRGINIA: Du hast immer gesagt, er verträgt Transportation nicht. Und der Hof schuldet dir noch drei Monate Gehalt. Das schickt man dir nicht nach.

GALILEI: Das ist wahr.

Der Kardinal Inquisitor kommt die Treppe herab.

VIRGINIA: Der Kardinal Inquisitor.

Vorbeigehend verbeugt er sich tief vor Galilei.

VIRGINIA: Was will der Kardinal Inquisitor in Florenz, Vater?

GALILEI: Ich weiß nicht. Er benahm sich nicht ohne Respekt. Ich wußte, was ich tat, als ich nach Florenz ging und all die Jahre lang schwieg. Sie haben mich so hoch gelobt, daß sie mich jetzt nehmen müssen, wie ich bin.

DER BEAMTE *ruft aus:* Seine Hoheit, der Großherzog!

Cosmo Medici kommt die Treppe herab. Galilei geht auf ihn zu.
Cosmo hält ein wenig verlegen an.

GALILEI: Ich wollte Eurer Hoheit meine Dialoge über die
beiden größten Weltsysteme . . .

COSMO: Aha, aha. Wie steht es mit Ihren Augen?

GALILEI: Nicht zum besten, Eure Hoheit. Wenn Eure Hoheit
gestatten, ich habe das Buch . . .

COSMO: Der Zustand Ihrer Augen beunruhigt mich. Wirklich,
er beunruhigt mich. Er zeigt mir, daß Sie Ihr vortreffliches
Rohr vielleicht ein wenig zu eifrig benützen, nicht?

Er geht weiter, ohne das Buch entgegenzunehmen.

GALILEI: Er hat das Buch nicht genommen, wie?

VIRGINIA: Vater, ich fürchte mich.

GALILEI *gedämpft und fest:* Zeig keine Gefühle. Wir gehen von
hier nicht nach Hause, sondern zum Glasschneider Volpi.
Ich habe mit ihm verabredet, daß im anliegenden Hof der
Weinschänke ein Wagen mit leeren Weinfässern immer bereit
steht, der mich aus der Stadt bringen kann.

VIRGINIA: Du wußtest . . .

GALILEI: Sieh dich nicht um.

Sie wollen weg.

EIN HOHER BEAMTER *kommt die Treppe herab:* Herr Galilei,
ich habe den Auftrag, Ihnen mitzuteilen, daß der Floren-
tinische Hof nicht länger imstande ist, dem Wunsch der
Heiligen Inquisition, Sie in Rom zu verhören, Widerstand
entgegenzusetzen. Der Wagen der Heiligen Inquisition erwartet Sie, Herr Galilei.

12

DER PAPST.

Gemach des Vatikans

Papst Urban VIII. (vormals Kardinal Barberini) hat den Kardinal Inquisitor empfangen. Während der Audienz wird er angekleidet. Von außen das Geschlurfe vieler Füße.

DER PAPST *sehr laut:* Nein! Nein! Nein!

DER INQUISITOR: So wollen Eure Heiligkeit Ihren sich nun versammelnden Doktoren aller Fakultäten, Vertretern aller Heiligen Orden und der gesamten Geistlichkeit, welche alle in kindlichem Glauben an das Wort Gottes, niedergelegt in der Schrift, gekommen sind, Eurer Heiligkeit Bestätigung ihres Glaubens zu vernehmen, mitteilen, daß die Schrift nicht länger für wahr gelten könne?

DER PAPST: Ich lasse nicht die Rechentafel zerbrechen. Nein!

DER INQUISITOR: Daß es die Rechentafel ist und nicht der Geist der Auflehnung und des Zweifels, das sagen diese Leute. Aber es ist nicht die Rechentafel. Sondern eine entsetzliche Unruhe ist in die Welt gekommen. Es ist die Unruhe ihres eigenen Gehirns, die diese auf die unbewegliche Erde übertragen. Sie schreien: die Zahlen zwingen uns! Aber woher kommen ihre Zahlen? Jedermann weiß, daß sie vom Zweifel kommen. Diese Menschen zweifeln an allem. Sollen wir die menschliche Gesellschaft auf den Zweifel begründen und nicht mehr auf den Glauben? „Du bist mein Herr, aber ich zweifle, ob das gut ist." „Das ist dein Haus und deine Frau, aber ich zweifle, ob sie nicht mein sein sollen." Andererseits findet Eurer Heiligkeit Liebe zur Kunst, der wir so schöne Sammlungen verdanken, schimpfliche Auslegungen wie die auf den Häuserwänden Roms zu lesende: „Was die Barbaren Rom gelassen haben, rauben ihm die Barberinis." Und im Auslande? Es hat Gott gefallen, den Heiligen Stuhl

schweren Prüfungen zu unterwerfen. Eurer Heiligkeit
spanische Politik wird von Menschen, denen die Einsicht
mangelt, nicht verstanden, das Zerwürfnis mit dem Kaiser
bedauert. Seit eineinhalb Jahrzehnten ist Deutschland eine
Fleischbank, und man zerfleischt sich mit Bibelzitaten auf
den Lippen. Und jetzt, wo unter der Pest, dem Krieg und
der Reformation die Christenheit zu einigen Häuflein zu-
sammenschmilzt, geht das Gerücht über Europa, daß Sie mit
dem lutherischen Schweden in geheimem Bündnis stehen, um
den katholischen Kaiser zu schwächen. Und da richten diese
Würmer von Mathematikern ihre Rohre auf den Himmel
und teilen der Welt mit, daß Eure Heiligkeit auch hier, in
dem einzigen Raum, den man Ihnen noch nicht bestreitet,
schlecht beschlagen sind. Man könnte sich fragen: welch ein
Interesse plötzlich an einer so abliegenden Wissenschaft wie
der Astronomie! Ist es nicht gleichgültig, wie diese Kugeln
sich drehen? Aber niemand in ganz Italien, das bis auf die
Pferdeknechte hinab durch das böse Beispiel dieses Floren-
tiners von den Phasen der Venus schwatzt, denkt nicht zugleich an so vieles, was in den Schulen und an anderen Orten
für unumstößlich erklärt wird und so sehr lästig ist. Was
käme heraus, wenn diese alle, schwach im Fleisch und zu
jedem Exzeß geneigt, nur noch an die eigene Vernunft
glaubten, die dieser Wahnsinnige für die einzige Instanz
erklärt! Sie möchten, erst einmal zweifelnd, ob die Sonne
stillstand zu Gibeon, ihren schmutzigen Zweifel an den Kol-
lekten üben! Seit sie über das Meer fahren — ich habe nichts
dagegen —, setzen sie ihr Vertrauen auf eine Messingkugel,
die sie den Kompaß nennen, nicht mehr auf Gott. Dieser
Galilei hat schon als junger Mensch über die Maschinen
geschrieben. Mit den Maschinen wollen sie Wunder tun.
Was für welche? Gott brauchen sie jedenfalls nicht mehr,
aber was sollen es für Wunder sein? Zum Beispiel soll es
nicht mehr Oben und Unten geben. Sie brauchen es nicht
mehr. Der Aristoteles, der für sie sonst ein toter Hund ist,
hat gesagt — und das zitieren sie —: Wenn das Weberschifflein von selber webte und der Zitherschlegel von selber

spielte, dann brauchten allerdings die Meister keine Gesellen und die Herren keine Knechte. Und so weit sind sie jetzt, denken sie. Dieser schlechte Mensch weiß, was er tut, wenn er seine astronomischen Arbeiten statt in Latein im Idiom der Fischweiber und Wollhändler verfaßt.

DER PAPST: Das zeigt sehr schlechten Geschmack; das werde ich ihm sagen.

DER INQUISITOR: Er verhetzt die einen und besticht die andern. Die oberitalienischen Seestädte fordern immer dringender für ihre Schiffe die Sternkarten des Herrn Galilei. Man wird ihnen nachgeben müssen, es sind materielle Interessen.

DER PAPST: Aber diese Sternkarten beruhen auf seinen ketzerischen Behauptungen. Es handelt sich gerade um die Bewegungen dieser gewissen Gestirne, die nicht stattfinden können, wenn man seine Lehre ablehnt. Man kann nicht die Lehre verdammen und die Sternkarten nehmen.

DER INQUISITOR: Warum nicht? Man kann nichts anderes.

DER PAPST: Dieses Geschlurfe macht mich nervös. Entschuldigen Sie, wenn ich immer horche.

DER INQUISITOR: Es wird Ihnen vielleicht mehr sagen, als ich es kann, Eure Heiligkeit. Sollen diese alle von hier weggehen, den Zweifel im Herzen?

DER PAPST: Schließlich ist der Mann der größte Physiker dieser Zeit, das Licht Italiens, und nicht irgendein Wirrkopf. Er hat Freunde. Da ist Versailles. Da ist der Wiener Hof. Sie werden die Heilige Kirche eine Senkgrube verfaulter Vorurteile nennen. Hand weg von ihm!

DER INQUISITOR: Man wird praktisch bei ihm nicht weit gehen müssen. Er ist ein Mann des Fleisches. Er würde sofort nachgeben.

DER PAPST: Er kennt mehr Genüsse als irgendein Mann, den ich getroffen habe. Er denkt aus Sinnlichkeit. Zu einem alten Wein oder einem neuen Gedanken könnte er nicht nein sagen. Und ich will keine Verurteilung physikalischer Fakten, keine Schlachtrufe wie „Hie Kirche! und Hie Vernunft!" Ich habe ihm sein Buch erlaubt, wenn es am Schluß die Meinung wiedergäbe, daß das letzte Wort nicht die Wissenschaft, sondern der Glaube hat. Er hat sich daran gehalten.

DER INQUISITOR: Aber wie? In seinem Buch streiten ein dummer Mensch, der natürlich die Ansichten des Aristoteles vertritt, und ein kluger Mensch, der ebenso natürlich die des Herrn Galilei vertritt, und die Schlußbemerkung, Eure Heiligkeit, spricht wer?

DER PAPST: Was ist das jetzt wieder? Wer äußert also unsere?

DER INQUISITOR: Nicht der Kluge.

DER PAPST: Das ist allerdings eine Unverschämtheit. Dieses Getrampel in den Korridoren ist unerträglich. Kommt denn die ganze Welt?

DER INQUISITOR: Nicht die ganze, aber ihr bester Teil.

Pause. Der Papst ist jetzt in vollem Ornat.

DER PAPST: Das Alleräußerste ist, daß man ihm die Instrumente zeigt.

DER INQUISITOR: Das wird genügen, Eure Heiligkeit. Herr Galilei versteht sich auf Instrumente.

13

> Und es war ein Junitag, der schnell verstrich
> Und der war wichtig für dich und mich
> Aus Finsternis trat die Vernunft herfür
> Ein' ganzen Tag stand sie vor der Tür.

Im Palast des Florentinischen Gesandten in Rom

Galileis Schüler warten auf Nachrichten. Der kleine Mönch und Federzoni spielen mit weiten Bewegungen das neue Schach. In einer Ecke kniet Virginia und betet den Englischen Gruß.

DER KLEINE MÖNCH: Der Papst hat ihn nicht empfangen. Keine wissenschaftlichen Diskussionen mehr.

FEDERZONI: Er war seine letzte Hoffnung. Es war wahr, was er ihm damals vor Jahren in Rom sagte, als er noch der Kardinal Barberini war: wir brauchen dich. Jetzt haben sie ihn.

ANDREA: Sie werden ihn umbringen. Die Discorsi werden nicht zu Ende geschrieben.

FEDERZONI *sieht ihn verstohlen an:* Meinst du?

ANDREA: Da er niemals widerruft.

Pause.

DER KLEINE MÖNCH: Man verbeißt sich immer in einen ganz nebensächlichen Gedanken, wenn man nachts wach liegt. Heute nacht zum Beispiel dachte ich immerfort: er hätte nie aus der Republik Venedig weggehen dürfen.

ANDREA: Da konnte er sein Buch nicht schreiben.

FEDERZONI: Und in Florenz konnte er es nicht veröffentlichen.

Pause.

DER KLEINE MÖNCH: Ich dachte auch, ob sie ihm wohl seinen kleinen Stein lassen, den er immer in der Tasche mit sich herumträgt. Seinen Beweisstein.

FEDERZONI: Dahin, wo sie ihn hinführen, geht man ohne Taschen.

ANDREA *aufschreiend:* Das werden sie nicht wagen! Und selbst wenn sie es ihm antun, wird er nicht widerrufen. „Wer die Wahrheit nicht weiß, der ist bloß ein Dummkopf. Aber wer sie weiß und sie eine Lüge nennt, der ist ein Verbrecher."

FEDERZONI: Ich glaube es auch nicht, und ich möchte nicht mehr leben, wenn er es täte, aber sie haben die Gewalt.

ANDREA: Man kann nicht alles mit Gewalt.

FEDERZONI: Vielleicht nicht.

DER KLEINE MÖNCH *leise:* Er ist 23 Tage im Kerker gesessen. Gestern war das große Verhör. Und heute ist die Sitzung. *Da Andrea herhört, laut:* Als ich ihn damals, zwei Tage nach dem Dekret, hier besuchte, saßen wir dort drüben, und er zeigte mir den kleinen Priapgott bei der Sonnenuhr im Garten, ihr könnt ihn sehen von hier, und er verglich sein Werk mit einem Gedicht des Horaz, in dem man auch nichts ändern kann. Er sprach von seinem Schönheitssinn, der ihn zwinge, die Wahrheit zu suchen. Und er erwähnte das Motto: hieme et aestate, et prope et procul, usque dum vivam et ultra. Und er meinte die Wahrheit.

ANDREA *zu dem kleinen Mönch:* Hast du ihm erzählt, wie er im Collegium Romanum stand, während sie sein Rohr prüften? Erzähl es! *Der kleine Mönch schüttelt den Kopf.* Er benahm sich ganz wie gewöhnlich. Er hatte seine Hände auf seinen Schinken, streckte den Bauch heraus und sagte: Ich bitte um Vernunft, meine Herren! *Er macht lachend Galilei nach.*

Pause.

ANDREA *über Virginia:* Sie betet, daß er widerrufen möge.

FEDERZONI: Laß sie. Sie ist ganz verwirrt, seit sie mit ihr gesprochen haben. Sie haben ihren Beichtvater von Florenz hierherkommen lassen.

Das Individuum aus dem Palast des Großherzogs von Florenz tritt ein.

INDIVIDUUM: Herr Galilei wird bald hier sein. Er mag ein Bett benötigen.

FEDERZONI: Man hat ihn entlassen?

INDIVIDUUM: Man erwartet, daß Herr Galilei um fünf Uhr in einer Sitzung der Inquisition widerrufen wird. Die große Glocke von Sankt Markus wird geläutet und der Wortlaut des Widerrufs öffentlich ausgerufen werden.

ANDREA: Ich glaube es nicht.

INDIVIDUUM: Wegen der Menschenansammlungen in den Gassen wird Herr Galilei an das Gartentor hier hinter dem Palast gebracht werden. *Ab.*

ANDREA *plötzlich laut:* Der Mond ist eine Erde und hat kein eigenes Licht. Und so hat die Venus kein eigenes Licht und ist wie die Erde und läuft um die Sonne. Und es drehen sich vier Monde um das Gestirn Jupiter, das sich in der Höhe der Fixsterne befindet und an keiner Schale befestigt ist. Und die Sonne ist das Zentrum der Welt und unbeweglich an ihrem Ort, und die Erde ist nicht Zentrum und nicht unbeweglich. Und er ist es, der es uns gezeigt hat.

DER KLEINE MÖNCH: Und mit Gewalt kann man nicht ungesehen machen, was gesehen wurde.

Schweigen.

FEDERZONI *blickt auf die Sonnenuhr im Garten:* Fünf Uhr.

Virginia betet lauter.

ANDREA: Ich kann nicht mehr warten, ihr! Sie köpfen die Wahrheit!

Er hält sich die Ohren zu, der kleine Mönch ebenfalls. Aber die Glocke wird nicht geläutet. Nach einer Pause, ausgefüllt durch das murmelnde Beten Virginias, schüttelt Federzoni verneinend den Kopf. Die anderen lassen die Hände sinken.

FEDERZONI *heiser:* Nichts. Es ist drei Minuten über fünf.

ANDREA: Er widersteht.

DER KLEINE MÖNCH: Er widerruft nicht!

FEDERZONI: Nein. Oh, wir Glücklichen!

Sie umarmen sich. Sie sind überglücklich.

ANDREA: Also: es geht nicht mit Gewalt! Sie kann nicht alles! Also: die Torheit wird besiegt, sie ist nicht unverletzlich! Also: der Mensch fürchtet den Tod nicht!

FEDERZONI: Jetzt beginnt wirklich die Zeit des Wissens. Das ist ihre Geburtsstunde. Bedenke, wenn er widerrufen hätte!

DER KLEINE MÖNCH: Ich sagte es nicht, aber ich war voller Sorge. Ich Kleingläubiger!

ANDREA: Ich aber wußte es.

FEDERZONI: Als ob es am Morgen wieder Nacht würde, wäre es gewesen.

ANDREA: Als ob der Berg gesagt hätte: ich bin ein Wasser.

DER KLEINE MÖNCH *kniet nieder, weinend:* Herr, ich danke dir!

ANDREA: Aber es ist alles verändert heute! Der Mensch hebt den Kopf, der Gepeinigte, und sagt: ich kann leben. So viel ist gewonnen, wenn nur einer aufsteht und Nein sagt!

In diesem Augenblick beginnt die Glocke von Sankt Markus zu dröhnen. Alles steht erstarrt.

VIRGINIA *steht auf:* Die Glocke von Sankt Markus! Er ist nicht verdammt!

Von der Straße herauf hört man den Ansager den Widerruf Galileis verlesen.

STIMME DES ANSAGERS: „Ich, Galileo Galilei, Lehrer der Mathematik und der Physik in Florenz, schwöre ab, was ich gelehrt habe, daß die Sonne das Zentrum der Welt ist und an ihrem Ort unbeweglich, und die Erde ist nicht Zentrum und nicht unbeweglich. Ich schwöre ab, verwünsche und verfluche mit redlichem Herzen und nicht erheucheltem Glauben alle diese Irrtümer und Ketzereien sowie überhaupt jeden anderen Irrtum und jede andere Meinung, welche der Heiligen Kirche entgegen ist."

Es wird dunkel.
Wenn es wieder hell wird, dröhnt die Glocke noch, hört dann aber auf. Virginia ist hinausgegangen. Galileis Schüler sind noch da.

FEDERZONI: Er hat dich nie für deine Arbeit richtig bezahlt.

Du hast weder eine Hose kaufen noch selber publizieren
können. Das hast du gelitten, weil „für die Wissenschaft
gearbeitet wurde"!

ANDREA *laut:* Unglücklich das Land, das keine Helden hat!

*Eingetreten ist Galilei, völlig, beinahe bis zur Unkenntlichkeit
verändert durch den Prozeß. Er hat den Satz Andreas gehört.
Einige Augenblicke wartet er an der Tür auf eine Begrüßung. Da
keine erfolgt, denn die Schüler weichen vor ihm zurück, geht er,
langsam und seines schlechten Augenlichts wegen unsicher, nach
vorn, wo er einen Schemel findet und sich niedersetzt.*

ANDREA: Ich kann ihn nicht ansehen. Er soll weg.

FEDERZONI: Beruhige dich.

ANDREA *schreit Galilei an:* Weinschlauch! Schneckenfresser!
Hast du deine geliebte Haut gerettet? *Setzt sich.* Mir ist
schlecht.

GALILEI *ruhig:* Gebt ihm ein Glas Wasser!

*Der kleine Mönch holt Andrea von draußen ein Glas Wasser.
Die andern beschäftigen sich nicht mit Galilei, der horchend auf
seinem Schemel sitzt. Von weitem hört man wieder die Stimme
des Ansagers.*

ANDREA: Ich kann schon wieder gehen, wenn ihr mir ein
wenig helft.

*Sie führen ihn zur Tür. In diesem Augenblick beginnt Galilei
zu sprechen.*

GALILEI: Nein. Unglücklich das Land, das Helden nötig hat.

Verlesung vor dem Vorhang:

Ist es nicht klar, daß ein Pferd, welches drei oder vier
Ellen hoch herabfällt, sich die Beine brechen kann, während ein Hund keinen Schaden erlitte, desgleichen eine
Katze selbst von acht oder zehn Ellen Höhe, ja eine Grille
von einer Turmspitze und eine Ameise, wenn sie vom
Mond herabfiele? Und wie kleinere Tiere verhältnismäßig
kräftiger und stärker sind als die großen, so halten sich die

kleinen Pflanzen besser: eine zweihundert Ellen hohe Eiche könnte ihre Äste in voller Proportion mit einer kleinen Eiche nicht halten, und die Natur kann ein Pferd nicht so groß wie zwanzig Pferde werden lassen noch einen Riesen von zehnfacher Größe, außer durch Veränderungen der Proportionen aller Glieder, besonders der Knochen, die weit über das Maß einer proportionellen Größe verstärkt werden müssen. — Die gemeine Annahme, daß große und kleine Maschinen gleich ausdauernd seien, ist offenbar irrig.

Galilei, „Discorsi"

14

1633—1642. GALILEO GALILEI LEBT IN EINEM LANDHAUS IN
DER NÄHE VON FLORENZ, BIS ZU SEINEM TOD EIN GEFANGENER
DER INQUISITION. DIE „DISCORSI".

Sechzehnhundertdreiunddreißig bis
sechzehnhundertzweiundvierzig
Galileo Galilei ist ein Gefangener der Kirche
bis zu seinem Tode.

Ein großer Raum mit Tisch, Lederstuhl und Globus

*Galilei, nun alt und halbblind, experimentiert sorgfältig mit
einem kleinen Holzball auf einer gekrümmten Holzschiene, im
Vorraum sitzt ein Mönch auf Wache. Es wird ans Tor geklopft.
Der Mönch öffnet, und ein Bauer tritt ein, zwei gerupfte Gänse
tragend. Virginia kommt aus der Küche. Sie ist jetzt etwa
40 Jahre alt.*

DER BAUER: Ich soll die abgeben.
VIRGINIA: Von wem? Ich habe keine Gänse bestellt.
DER BAUER: Ich soll sagen: von jemand auf der Durchreise.
Ab.

*Virginia betrachtet die Gänse erstaunt. Der Mönch nimmt sie
ihr aus der Hand und untersucht sie mißtrauisch. Dann gibt er
sie ihr beruhigt zurück, und sie trägt sie an den Hälsen zu Galilei
in den großen Raum.*

VIRGINIA: Jemand auf der Durchreise hat ein Geschenk
abgeben lassen.
GALILEI: Was ist es?
VIRGINIA: Kannst du es nicht sehen?
GALILEI: Nein. *Er geht hin.* Gänse. Ist ein Name dabei?
VIRGINIA: Nein.
GALILEI *nimmt ihr eine Gans aus der Hand:* Schwer. Ich
könnte noch etwas davon essen.

VIRGINIA: Du kannst doch nicht schon wieder hungrig sein. Du hast eben zu Abend gegessen. Und was ist wieder mit deinen Augen los? Die müßtest du sehen vom Tisch aus.

GALILEI: Du stehst im Schatten.

VIRGINIA: Ich stehe nicht im Schatten.

Sie trägt die Gänse hinaus.

GALILEI: Gib Thymian zu und Äpfel.

VIRGINIA *zu dem Mönch:* Wir müssen nach dem Augendoktor schicken. Vater konnte die Gänse vom Tisch aus nicht sehen.

DER MÖNCH: Ich brauche erst die Erlaubnis vom Monsignore Carpula. — Hat er wieder selber geschrieben?

VIRGINIA: Nein. Er hat sein Buch mir diktiert, das wissen Sie ja. Sie haben die Seiten 131 und 132, und das waren die letzten.

DER MÖNCH: Er ist ein alter Fuchs.

VIRGINIA: Er tut nichts gegen die Vorschriften. Seine Reue ist echt. Ich passe auf ihn auf. *Sie gibt ihm die Gänse.* Sagen Sie in der Küche, sie sollen die Leber rösten, mit einem Apfel und einer Zwiebel. *Sie geht in den großen Raum zurück.* Und jetzt denken wir an unsere Augen und hören schnell auf mit dem Ball und diktieren ein Stückchen weiter an unserem wöchentlichen Brief an den Erzbischof.

GALILEI: Ich fühle mich nicht wohl genug. Lies mir etwas Horaz.

VIRGINIA: Erst vorige Woche sagte mir Monsignore Carpula, dem wir so viel verdanken — erst neulich wieder das Gemüse — , daß der Erzbischof ihn jedesmal fragt, wie dir die Fragen und Zitate gefallen, die er dir schickt. *Sie hat sich zum Diktat niedergesetzt.*

GALILEI: Wie weit war ich?

VIRGINIA: Abschnitt vier: Anlangend die Stellungnahme der Heiligen Kirche zu den Unruhen im Arsenal von Venedig stimme ich überein mit der Haltung Kardinal Spolettis gegenüber den aufrührerischen Seilern . . .

GALILEI: Ja. *Diktiert:* . . . stimme ich überein mit der Haltung Kardinal Spolettis gegenüber den aufrührerischen Seilern,

nämlich, daß es besser ist, an sie Suppen zu verteilen im
Namen der christlichen Nächstenliebe, als ihnen mehr für
ihre Schiffs- und Glockenseile zu zahlen. Sintemalen es
weiser erscheint, an Stelle ihrer Habgier ihren Glauben zu
stärken. Der Apostel Paulus sagt: Wohltätigkeit versaget
niemals. — Wie ist das?

VIRGINIA: Es ist wunderbar, Vater.

GALILEI: Du meinst nicht, daß eine Ironie hineingelesen werden könnte?

VIRGINIA: Nein, der Erzbischof wird selig sein. Er ist so
praktisch.

GALILEI: Ich verlasse mich auf dein Urteil. Was kommt als
nächstes?

VIRGINIA: Ein wunderschöner Spruch: „Wenn ich schwach
bin, da bin ich stark."

GALILEI: Keine Auslegung.

VIRGINIA: Aber warum nicht?

GALILEI: Was kommt als nächstes?

VIRGINIA: „Auf daß ihr begreifen möget, daß Christus lieb
haben viel besser ist denn als wissen." Paulus an die
Epheser III, 19.

GALILEI: Besonders danke ich Eurer Eminenz für das herr-
liche Zitat aus den Epheser-Briefen. Angeregt dadurch, fand
ich in unserer unnachahmbaren Imitatio noch folgendes.
Zitiert auswendig: „Er, zu dem das ewige Wort spricht, ist
frei von vielem Gefrage." Darf ich bei dieser Gelegenheit in
eigener Sache sprechen? Noch immer wird mir vorgeworfen,
daß ich einmal über die Himmelskörper ein Buch in der
Sprache des Marktes verfaßt habe. Es war damit nicht meine
Absicht, vorzuschlagen oder gutzuheißen, daß Bücher über
so viel wichtigere Gegenstände, wie zum Beispiel Theologie,
in dem Jargon der Teigwarenverkäufer verfaßt würden. Das
Argument für den lateinischen Gottesdienst, daß durch die
Universalität dieser Sprache alle Völker die Heilige Messe in
gleicher Weise hören, scheint mir wenig glücklich, da von
den niemals verlegenen Spöttern eingewendet werden könnte,
keines der Völker verstünde so den Text. Ich verzichte gern

auf billige Verständlichkeit heiliger Dinge. Das Latein der Kanzel, das die ewige Wahrheit der Kirche gegen die Neugier der Unwissenden schützt, erweckt Vertrauen, wenn gesprochen von den priesterlichen Söhnen der unteren Klassen mit den Betonungen des ortsansässigen Dialekts. — Nein, streich das aus.

VIRGINIA: Das Ganze?

GALILEI: Alles nach den Teigwarenverkäufern.

Es wird am Tor geklopft. Virginia geht in den Vorraum. Der Mönch öffnet. Es ist Andrea Sarti. Er ist jetzt ein Mann in den mittleren Jahren.

ANDREA: Guten Abend. Ich bin im Begriff, Italien zu verlassen, um in Holland wissenschaftlich zu arbeiten, und bin gebeten worden, ihn auf der Durchreise aufzusuchen, damit ich über ihn berichten kann.

VIRGINIA: Ich weiß nicht, ob er dich sehen will. Du bist nie gekommen.

ANDREA: Frag ihn.

Galilei hat die Stimme erkannt. Er sitzt unbeweglich. Virginia geht hinein zu ihm.

GALILEI: Ist es Andrea?

VIRGINIA: Ja. Soll ich ihn wegschicken?

GALILEI *nach einer Pause:* Führ ihn herein.

Virginia führt Andrea herein.

VIRGINIA *zum Mönch:* Er ist harmlos. Er war sein Schüler. So ist er jetzt sein Feind.

GALILEI: Laß mich allein mit ihm, Virginia.

VIRGINIA: Ich will hören, was er erzählt. *Sie setzt sich.*

ANDREA *kühl:* Wie geht es Ihnen?

GALILEI: Tritt näher. Was machst du? Erzähl von deiner Arbeit. Ich höre, es ist über Hydraulik.

ANDREA: Fabrizius in Amsterdam hat mir aufgetragen, mich nach Ihrem Befinden zu erkundigen.

Pause.

GALILEI: Ich befinde mich wohl. Man schenkt mir große Aufmerksamkeit.

ANDREA: Es freut mich, berichten zu können, daß Sie sich wohl befinden.

GALILEI: Fabrizius wird erfreut sein, es zu hören. Und du kannst ihn informieren, daß ich in angemessenem Komfort lebe. Durch die Tiefe meiner Reue habe ich mir die Gunst meiner Oberen so weit erhalten können, daß mir in bescheidenem Umfang wissenschaftliche Studien unter geistlicher Kontrolle gestattet werden konnten.

ANDREA: Jawohl. Auch wir hörten, daß die Kirche mit Ihnen zufrieden ist. Ihre völlige Unterwerfung hat gewirkt. Es wird versichert, die Oberen hätten mit Genugtuung festgestellt, daß in Italien kein Werk mit neuen Behauptungen mehr veröffentlicht wurde, seit Sie sich unterwarfen.

GALILEI *horchend:* Leider gibt es Länder, die sich der Obhut der Kirche entziehen. Ich fürchte, daß die verurteilten Lehren dort weitergefördert werden.

ANDREA: Auch dort trat infolge Ihres Widerrufs ein für die Kirche erfreulicher Rückschlag ein.

GALILEI: Wirklich? *Pause.* Nichts von Descartes? Nichts aus Paris?

ANDREA: Doch. Auf die Nachricht von Ihrem Widerruf stopfte er seinen Traktat über die Natur des Lichts in die Lade.

Lange Pause.

GALILEI: Ich bin in Sorge einiger wissenschaftlicher Freunde wegen, die ich auf die Bahn des Irrtums geleitet habe. Sind sie durch meinen Widerruf belehrt worden?

ANDREA: Um wissenschaftlich arbeiten zu können, habe ich vor, nach Holland zu gehen. Man gestattet nicht dem Ochsen, was Jupiter sich nicht gestattet.

GALILEI: Ich verstehe.

ANDREA: Federzoni schleift wieder Linsen, in irgendeinem Mailänder Laden.

GALILEI *lacht:* Er kann nicht Latein.

Pause.

ANDREA: Fulganzio, unser kleiner Mönch, hat die Forschung aufgegeben und ist in den Schoß der Kirche zurückgekehrt.

GALILEI: Ja.

Pause.

GALILEI: Meine Oberen sehen meiner seelischen Wieder-gesundung entgegen. Ich mache bessere Fortschritte, als zu erwarten war.

ANDREA: So.

VIRGINIA: Der Herr sei gelobt.

GALILEI *barsch:* Sieh nach den Gänsen, Virginia.

Virginia geht zornig hinaus. Im Vorbeigehen wird sie vom Mönch angesprochen.

DER MÖNCH: Der Mensch mißfällt mir.

VIRGINIA: Er ist harmlos. Sie hören doch. *Im Weggehen:* Wir haben frischen Ziegenkäse bekommen.

Der Mönch folgt ihr hinaus.

ANDREA: Ich werde die Nacht durch fahren, um die Grenze morgen früh überschreiten zu können. Kann ich gehen?

GALILEI: Ich weiß nicht, warum du gekommen bist, Sarti. Um mich aufzustören? Ich lebe vorsichtig und ich denke vorsichtig, seit ich hier bin. Ich habe ohnedies meine Rückfälle.

ANDREA: Ich möchte Sie lieber nicht aufregen, Herr Galilei.

GALILEI: Barberini nannte es die Krätze. Er war selber nicht gänzlich frei davon. Ich habe wieder geschrieben.

ANDREA: So?

GALILEI: Ich schrieb die „Discorsi" fertig.

ANDREA: Was? Die „Gespräche, betreffend zwei neue Wissenszweige: Mechanik und Fallgesetze"? Hier?

GALILEI: Oh, man gibt mir Papier und Feder. Meine Oberen sind keine Dummköpfe. Sie wissen, daß eingewurzelte Laster nicht von heute auf morgen abgebrochen werden können. Sie schützen mich vor mißlichen Folgen, indem sie Seite für Seite wegschließen.

ANDREA: O Gott!

GALILEI: Sagtest du etwas?

ANDREA: Man läßt Sie Wasser pflügen! Man gibt Ihnen Papier und Feder, damit Sie sich beruhigen! Wie konnten Sie überhaupt schreiben mit diesem Ziel vor Augen?

GALILEI: Oh, ich bin ein Sklave meiner Gewohnheiten.

ANDREA: Die „Discorsi" in der Hand der Mönche! Und Amsterdam und London und Prag hungern danach!

GALILEI: Ich kann Fabrizius jammern hören, pochend auf sein Pfund Fleisch, selber in Sicherheit sitzend in Amsterdam.

ANDREA: Zwei neue Wissenszweige so gut wie verloren!

GALILEI: Es wird ihn und einige andre ohne Zweifel erheben zu hören, daß ich die letzten kümmerlichen Reste meiner Bequemlichkeit aufs Spiel gesetzt habe, eine Abschrift zu machen, hinter meinem Rücken sozusagen, aufbrauchend die letzte Unze Licht der helleren Nächte von sechs Monaten.

ANDREA: Sie haben eine Abschrift?

GALILEI: Meine Eitelkeit hat mich bisher davon zurückgehalten, sie zu vernichten.

ANDREA: Wo ist sie?

GALILEI: „Wenn dich dein Auge ärgert, reiß es aus." Wer immer das schrieb, wußte mehr über Komfort als ich. Ich nehme an, es ist die Höhe der Torheit, sie auszuhändigen. Da ich es nicht fertiggebracht habe, mich von wissenschaftlichen Arbeiten fernzuhalten, könnt ihr sie ebensogut haben. Die Abschrift liegt im Globus. Solltest du erwägen, sie nach Holland mitzunehmen, würdest du natürlich die gesamte Verantwortung zu schultern haben. Du hättest sie in diesem Fall von jemandem gekauft, der Zutritt zum Original im Heiligen Offizium hat.

Andrea ist zum Globus gegangen. Er holt die Abschrift heraus.

ANDREA: Die „ Discorsi"!

Er blättert in dem Manuskript.

ANDREA *liest:* „Mein Vorsatz ist es, eine sehr neue Wissen-

schaft aufzustellen, handelnd von einem sehr alten Gegenstand, der Bewegung. Ich habe durch Experimente einige
ihrer Eigenschaften entdeckt, die wissenswert sind."

GALILEI: Etwas mußte ich anfangen mit meiner Zeit.

ANDREA: Das wird eine neue Physik begründen.

GALILEI: Stopf es untern Rock.

ANDREA: Und wir dachten, Sie wären übergelaufen! Meine
Stimme war die lauteste gegen Sie!

GALILEI: Das gehörte sich. Ich lehrte dich Wissenschaft, und
ich verneinte die Wahrheit.

ANDREA: Dies ändert alles. Alles.

GALILEI: Ja?

ANDREA: Sie versteckten die Wahrheit. Vor dem Feind. Auch
auf dem Felde der Ethik waren Sie uns um Jahrhunderte
voraus.

GALILEI: Erläutere das, Andrea.

ANDREA: Mit dem Mann auf der Straße sagten wir: Er wird
sterben, aber er wird nie widerrufen. — Sie kamen zurück:
Ich habe widerrufen, aber ich werde leben. — Ihre Hände
sind befleckt, sagten wir. — Sie sagen: Besser befleckt als leer.

GALILEI: Besser befleckt als leer. Klingt realistisch. Klingt
nach mir. Neue Wissenschaft, neue Ethik.

ANDREA: Ich vor allen andern hätte es wissen müssen! Ich
war elf, als Sie eines andern Mannes Fernrohr an den Senat
von Venedig verkauften. Und ich sah Sie von diesem Instrument unsterblichen Gebrauch machen. Ihre Freunde schüt-
telten die Köpfe, als Sie sich vor dem Kind in Florenz
beugten: die Wissenschaft gewann Publikum. Sie lachten
immer schon über die Helden. „Leute, welche leiden, lang-
weilen mich", sagten Sie. „Unglück stammt von mangel-
haften Berechnungen." Und: „Angesichts von Hindernissen
mag die kürzeste Linie zwischen zwei Punkten die krumme
sein."

GALILEI: Ich entsinne mich.

ANDREA: Als es Ihnen dann 33 gefiel, einen volkstümlichen
Punkt Ihrer Lehren zu widerrufen, hätte ich wissen müssen,
daß Sie sich lediglich aus einer hoffnungslosen politischen

Schlägerei zurückzogen, um das eigentliche Geschäft der Wissenschaft weiter zu betreiben.

GALILEI: Welches besteht in . . .

ANDREA: . . . dem Studium der Eigenschaften der Bewegung, Mutter der Maschinen, die allein die Erde so bewohnbar machen werden, daß der Himmel abgetragen werden kann.

GALILEI: Aha.

ANDREA: Sie gewannen die Muße, ein wissenschaftliches Werk zu schreiben, das nur Sie schreiben konnten. Hätten Sie in einer Gloriole von Feuer auf dem Scheiterhaufen geendet, wären die andern die Sieger gewesen.

GALILEI: Sie sind die Sieger. Und es gibt kein wissenschaftliches Werk, das nur ein Mann schreiben kann.

ANDREA: Warum dann haben Sie widerrufen?

GALILEI: Ich habe widerrufen, weil ich den körperlichen Schmerz fürchtete.

ANDREA: Nein!

GALILEI: Man zeigte mir die Instrumente.

ANDREA: So war es kein Plan?

GALILEI: Es war keiner.

Pause.

ANDREA *laut:* Die Wissenschaft kennt nur ein Gebot: den wissenschaftlichen Beitrag.

GALILEI: Und den habe ich geliefert. Willkommen in der Gosse, Bruder in der Wissenschaft und Vetter im Verrat! Ißt du Fisch? Ich habe Fisch. Was stinkt, ist nicht mein Fisch, sondern ich. Ich verkaufe aus, du bist ein Käufer. O unwiderstehlicher Anblick des Buches, der geheiligten Ware! Das Wasser läuft im Mund zusammen und die Flüche ersaufen. Die Große Babylonische, das mörderische Vieh, die Scharlachene, öffnet die Schenkel, und alles ist anders! Geheiliget sei unsre schachernde, weißwaschende, todfürchtende Gemeinschaft!

ANDREA: Todesfurcht ist menschlich! Menschliche Schwächen gehen die Wissenschaft nichts an.

GALILEI: Nein! — Mein lieber Sarti, auch in meinem gegen-

wärtigen Zustand fühle ich mich noch fähig, Ihnen ein paar
Hinweise darüber zu geben, was die Wissenschaft alles
angeht, der Sie sich verschrieben haben.

Eine kleine Pause.

GALILEI *akademisch die Hände über dem Bauch gefaltet:* In
meinen freien Stunden, deren ich viele habe, bin ich meinen
Fall durchgegangen und habe darüber nachgedacht, wie die
Welt der Wissenschaft, zu der ich mich selber nicht mehr
zähle, ihn zu beurteilen haben wird. Selbst ein Wollhändler
muß, außer billig einkaufen und teuer verkaufen, auch noch
darum besorgt sein, daß der Handel mit Wolle unbehindert
vor sich gehen kann. Der Verfolg der Wissenschaft scheint
mir diesbezüglich besondere Tapferkeit zu erheischen. Sie
handelt mit Wissen, gewonnen durch Zweifel. Wissen ver-
schaffend über alles für alle, trachtet sie, Zweifler zu machen
aus allen. Nun wird der Großteil der Bevölkerung von ihren
Fürsten, Grundbesitzern und Geistlichen in einem perl-
mutternen Dunst von Aberglauben und alten Wörtern
gehalten, welcher die Machinationen dieser Leute verdeckt.
Das Elend der Vielen ist alt wie das Gebirge und wird von
Kanzel und Katheder herab für unzerstörbar erklärt wie das
Gebirge. Unsere neue Kunst des Zweifelns entzückte das
große Publikum. Es riß uns das Teleskop aus der Hand und
richtete es auf seine Peiniger. Diese selbstischen und gewalt-
tätigen Männer, die sich die Früchte der Wissenschaft gierig
zunutze gemacht haben, fühlten zugleich das kalte Auge der
Wissenschaft auf ein tausendjähriges, aber künstliches Elend
gerichtet, das deutlich beseitigt werden konnte, indem sie
beseitigt wurden. Sie überschütteten uns mit Drohungen und
Bestechungen, unwiderstehlich für schwache Seelen. Aber
können wir uns der Menge verweigern und doch Wissenschaftler bleiben? Die Bewegungen der Himmelskörper sind
übersichtlicher geworden; immer noch unberechenbar sind
den Völkern die Bewegungen ihrer Herrscher. Der Kampf
um die Meßbarkeit des Himmels ist gewonnen durch
Zweifel; durch Gläubigkeit muß der Kampf der römischen

Hausfrau um Milch immer aufs neue verlorengehen. Die Wissenschaft, Sarti, hat mit beiden Kämpfen zu tun. Eine Menschheit, stolpernd in diesem tausendjährigen Perlmutterdunst von Aberglauben und alten Wörtern, zu unwissend, ihre eigenen Kräfte voll zu entfalten, wird nicht fähig sein, die Kräfte der Natur zu entfalten, die ihr enthüllt. Wofür arbeitet ihr? Ich halte dafür, daß das einzige Ziel der Wissenschaft darin besteht, die Mühseligkeit der menschlichen Existenz zu erleichtern. Wenn Wissenschaftler, eingeschüchtert durch selbstsüchtige Machthaber, sich damit begnügen, Wissen um des Wissens willen aufzuhäufen, kann die Wissenschaft zum Krüppel gemacht werden, und eure neuen Maschinen mögen nur neue Drangsale bedeuten. Ihr mögt mit der Zeit alles entdecken, was es zu entdecken gibt, und euer Fortschritt wird doch nur ein Fortschreiten von der Menschheit weg sein. Die Kluft zwischen euch und ihr kann eines Tages so groß werden, daß euer Jubelschrei über irgendeine neue Errungenschaft von einem universalen Entsetzensschrei beantwortet werden könnte. — Ich hatte als Wissenschaftler eine einzigartige Möglichkeit. In meiner Zeit erreichte die Astronomie die Marktplätze. Unter diesen ganz besonderen Umständen hätte die Standhaftigkeit eines Mannes große Erschütterungen hervorrufen können. Hätte ich widerstanden, hätten die Naturwissenschaftler etwas wie den hypokratischen Eid der Ärzte entwickeln können, das Gelöbnis, ihr Wissen einzig zum Wohle der Menschheit anzuwenden! Wie es nun steht, ist das Höchste, was man erhoffen kann, ein Geschlecht erfinderischer Zwerge, die für alles gemietet werden können. Ich habe zudem die Überzeugung gewonnen, Sarti, daß ich niemals in wirklicher Gefahr schwebte. Einige Jahre lang war ich ebenso stark wie die Obrigkeit. Und ich überlieferte mein Wissen den Machthabern, es zu gebrauchen, es nicht zu gebrauchen, es zu mißbrauchen, ganz wie es ihren Zwecken diente.

Virginia ist mit einer Schüssel hereingekommen und bleibt stehen.

Ich habe meinen Beruf verraten. Ein Mensch, der das tut,

was ich getan habe, kann in den Reihen der Wissenschaft nicht geduldet werden.

VIRGINIA: Du bist aufgenommen in den Reihen der Gläubigen.

Sie geht und stellt die Schüssel auf den Tisch.

GALILEI: Richtig. — Ich muß jetzt essen.

Andrea hält ihm die Hand hin. Galilei sieht die Hand, ohne sie zu nehmen.

GALILEI: Du lehrst jetzt selber. Kannst du es dir leisten, eine Hand wie die meine zu nehmen? *Er geht zum Tisch.* Jemand, der hier durch kam, hat mir zwei Gänse geschickt. Ich esse immer noch gern.

ANDREA: So sind Sie nicht mehr der Meinung, daß ein neues Zeitalter angebrochen ist?

GALILEI: Doch. — Gib acht auf dich, wenn du durch Deutschland kommst, die Wahrheit unter dem Rock.

ANDREA *außerstande, zu gehen:* Hinsichtlich Ihrer Einschätzung des Verfassers, von dem wir sprachen, weiß ich Ihnen keine Antwort. Aber ich kann mir nicht denken, daß Ihre mörderische Analyse das letzte Wort sein wird.

GALILEI: Besten Dank, Herr. *Er fängt an zu essen.*

VIRGINIA *Andrea hinausgeleitend:* Wir haben Besucher aus der Vergangenheit nicht gern. Sie regen ihn auf.

Andrea geht. Virginia kommt zurück.

GALILEI: Hast du eine Ahnung, wer die Gänse geschickt haben kann?

VIRGINIA: Nicht Andrea.

GALILEI: Vielleicht nicht. Wie ist die Nacht?

VIRGINIA *am Fenster:* Hell.

15

Liebe Leut, gedenkt des End's
Das Wissen flüchtete über die Grenz.
Wir, die wissensdurstig sind
Er und ich, wir blieben dahint'.
Hütet nun ihr der Wissenschaften Licht
Nutzt es und mißbraucht es nicht
Daß es nicht, ein Feuerfall
Einst verzehre noch uns all
Ja, uns all.

Kleine italienische Grenzstadt

Früh am Morgen. Am Schlagbaum der Grenzwache spielen Kinder. Andrea wartet neben einem Kutscher die Prüfung seiner Papiere durch die Grenzwächter ab. Er sitzt auf einer kleinen Kiste und liest in Galileis Manuskript. Jenseits des Schlagbaumes steht die Reisekutsche.

DIE KINDER *singen:*

Maria saß auf einem Stein
Sie hatt' ein rosa Hemdelein
Das Hemdelein war verschissen.
Doch als der kalte Winter kam
Das Hemdelein sie übernahm
Verschissen ist nicht zerrissen.

DER GRENZWÄCHTER: Warum verlassen Sie Italien?

ANDREA: Ich bin Gelehrter.

DER GRENZWÄCHTER *zum Schreiber:* Schreib unter „Grund der Ausreise": Gelehrter. Ihr Gepäck muß ich durchschauen. *Er tut es.*

DER ERSTE JUNGE *zu Andrea:* Hier sollten Sie nicht sitzen. *Er zeigt auf die Hütte, vor der Andrea sitzt.* Da wohnt eine Hexe drin.

132

DER ZWEITE JUNGE: Die alte Marina ist gar keine Hexe.

DER ERSTE JUNGE: Soll ich dir die Hand ausrenken?

DER DRITTE JUNGE: Sie ist doch eine. Sie fliegt nachts durch die Luft.

DER ERSTE JUNGE: Und warum kriegt sie nirgends in der Stadt auch nur einen Topf Milch, wenn sie keine Hexe ist?

DER ZWEITE JUNGE: Wie soll sie denn durch die Luft fliegen? Das kann niemand. *Zu Andrea:* Kann man das?

DER ERSTE JUNGE *über den zweiten:* Das ist Giuseppe. Er weiß rein gar nichts, weil er nicht in die Schule geht, weil er keine ganze Hose hat.

DER GRENZWÄCHTER: Was ist das für ein Buch?

ANDREA *ohne aufzusehen:* Das ist von dem großen Philosophen Aristoteles.

DER GRENZWÄCHTER *mißtrauisch:* Was ist das für einer?

ANDREA: Er ist schon tot.

Die Jungen gehen, um den lesenden Andrea zu verspotten, so herum, als läsen auch sie in Büchern beim Gehen.

DER GRENZWÄCHTER *zum Schreiber:* Sieh nach, ob etwas über die Religion drin steht.

DER SCHREIBER *blättert:* Ich kann nichts finden.

DER GRENZWÄCHTER: Die ganze Sucherei hat ja auch wenig Zweck. So offen würde uns ja keiner hinlegen, was er zu verbergen hätte. *Zu Andrea:* Sie müssen unterschreiben, daß wir alles untersucht haben.

Andrea steht zögernd auf und geht, immerfort lesend, mit den Grenzwächtern ins Haus.

DER DRITTE JUNGE *zum Schreiber, auf die Kiste zeigend:* Da ist noch was, sehen Sie?

DER SCHREIBER: War das vorhin noch nicht da?

DER DRITTE JUNGE: Das hat der Teufel hier hingestellt. Es ist eine Kiste.

DER ZWEITE JUNGE: Nein, die gehört dem Fremden.

DER DRITTE JUNGE: Ich ginge nicht hin. Sie hat dem Kutscher Passi die Gäule verhext. Ich habe selber durch das

Loch im Dach, das der Schneesturm gerissen hat, hinein-
geschaut und gehört, wie sie gehustet haben.

DER SCHREIBER *der schon beinahe an der Kiste war, zögert und
kehrt zurück:* Teufelszeug, wie? Nun, wir können nicht alles
kontrollieren. Wo kämen wir da hin?

*Zurück kommt Andrea mit einem Krug Milch. Er setzt sich
wieder auf die Kiste und liest weiter.*

DER GRENZWÄCHTER *hinter ihm drein mit Papieren:* Mach
die Kisten wieder zu. Haben wir alles?

DER SCHREIBER: Alles.

DER ZWEITE JUNGE *zu Andrea:* Sie sind ja Gelehrter. Sagen
Sie selber: Kann man durch die Luft fliegen?

ANDREA: Wart einen Augenblick.

DER GRENZWÄCHTER: Sie können passieren.

*Das Gepäck ist vom Kutscher aufgenommen worden. Andrea
nimmt die Kiste und will gehen.*

DER GRENZWÄCHTER: Halt! Was ist das für eine Kiste?

ANDREA *wieder sein Buch vornehmend:* Es sind Bücher.

DER ERSTE JUNGE: Das ist die von der Hexe.

DER GRENZWÄCHTER: Unsinn. Wie soll die eine Kiste
bezaubern können?

DER DRITTE JUNGE: Wenn ihr doch der Teufel hilft!

DER GRENZWÄCHTER *lacht:* Das gilt hier nicht. *Zum
Schreiber:* Mach auf.

Die Kiste wird geöffnet.

DER GRENZWÄCHTER *unlustig:* Wie viele sind das?

ANDREA: Vierunddreißig.

DER GRENZWÄCHTER *zum Schreiber:* Wie lang brauchst du
damit?

DER SCHREIBER *der angefangen hat, oberflächlich in der Kiste
zu wühlen:* Alles schon gedruckt. Aus Ihrem Frühstück wird
dann jedenfalls nichts, und wann soll ich zum Kutscher Passi-
hinüberlaufen, um den rückständigen Wegzoll einzukassieren

bei der Auktionierung seines Hauses, wenn ich all die Bücher durchblättern soll?

DER GRENZWÄCHTER: Ja, das Geld müssen wir haben. *Er stößt mit dem Fuß nach den Büchern.* Na, was kann schon viel drinstehen! *Zum Kutscher:* Ab!

Andrea geht mit dem Kutscher, der die Kiste trägt, über die Grenze. Drüben steckt er das Manuskript Galileis in die Reisetasche.

DER DRITTE JUNGE *deutet auf den Krug, den Andrea hat stehenlassen:* Da!

DER ERSTE JUNGE: Und die Kiste ist weg! Seht ihr, daß es der Teufel war?

ANDREA *sich umwendend:* Nein, ich war es. Du mußt lernen die Augen aufzumachen. Die Milch ist bezahlt und der Krug. Die Alte soll ihn haben. Ja, und ich habe dir noch nicht auf deine Frage geantwortet, Giuseppe. Auf einem Stock kann man nicht durch die Luft fliegen. Er müßte zumindest eine Maschine dran haben. Aber eine solche Maschine gibt es noch nicht. Vielleicht wird es sie nie geben, da der Mensch zu schwer ist. Aber natürlich, man kann es nicht wissen. Wir wissen bei weitem nicht genug, Giuseppe. Wir stehen wirklich erst am Beginn.

NOTES

THE verses which precede each scene are taken from the programme for Brecht's Berlin production of *Leben des Galilei* in 1955. Each verse acts as a synopsis and is a means of communicating the "Fabel" to the audience, of telling the story of the play before it is acted. Choirboys chant the verses before each scene.

15 *Wecken*—roll of bread.

ein grosses hölzernes Modell des Ptolemäischen Systems—for a description of the Ptolemaic system see Appendix II.

ein Astrolab—An astrolabe is an instrument for taking measurements on stars. From the previous stage direction and the rest of this speech it is clear that Galileo's astrolabe is not the usual portable type by which men told the time by roughly measuring the height of the sun or a star before the invention of clocks. It might be an armillary sphere but "astrolabe" is probably used here as a generic term for an astronomical-mathematical instrument or model.

18 *im Schachspiel die Türme gehen neuerdings weit über alle Felder*—The ancient oriental game of chess (from the Persian "shatranj") had probably reached Western Europe by the 12th century AD. During the early Middle Ages the powers of the pieces hardly changed but by the 15th century a new game was being developed chiefly in Italy. It became known throughout Europe and was written about, for example, by the Spanish priest Ruy Lopez de Segura who published a book in 1561 in which he wrote of both the old and the new modes of play. In the new the powers of movement of the Queen and Bishop were extended and the idea of castling introduced. Apart from this "die Türme", castles or rooks, appear always to have had the same powers as at present.

Das mit dem Kippernikus seinem Drehen?—Colloquial speech: "that stuff about Kippernikus and the turning business?"

Kippernikus—a child's distortion of "Copernicus", the Polish astronomer (1473–1543) who studied mathematics at Cracow University, then went to Italy to study canon law and who, like Galileo, varied his studies by attending lectures on astronomy. Closely attached to the Church, for he had been under the guardianship of his uncle, a bishop, Copernicus was nominated a canon of a cathedral. But science interested him more and he studied medicine at Padua University. A man of the Renaissance, he could also find time and interest for schemes for the reform of the currency. In astronomy he became convinced that the accepted earth-centred system of Ptolemy was wrong and as far as his limited instruments permitted he tried to prove that the universe is sun-centred. By 1530 he had completed a manuscript setting out his ideas, but he did not publish it. Scholars throughout Europe knew of his ideas, however, because a simplified version of them had been circulated in manuscript: this was a favourite device of the times for avoiding trouble with the Church who in Roman Catholic countries gave or withheld permission to print; it did not finally commit the author to his views, moreover. Lectures in universities were given on Copernicus' system and the Pope, Clement VII, was known to approve of it. A demand was made that Copernicus should publish his full treatise but he was not eager. Finally one of his former students saw it through the press; but an anonymous preface was slipped in by the printer. This emphasized that the reasoning on which the new system was based was purely hypothetical in order that the critics in the Church who accepted the Ptolemaic system as God-given might be disarmed. Copernicus lay dying when his work appeared in print; he knew nothing of the anonymous preface.

20 *Nehmen Sie nicht lauter solche Beispiele . . . mit Beispielen kann man es immer schaffen, wenn man schlau ist*—Perhaps Andrea does not mean so much "examples" as "analogies".

21 *in der Campagna*—the low-lying country surrounding the city of Rome.

was in der Welt sich zuträgt usw . . . in Italien ich mich zutrage—"what events are happening in the world" . . . "in Italy *I* eventuate"; Galileo picks up the phrase used by Ludovico and refers to himself as an event.

22 *dieses Rohr, das sie in Amsterdam verkaufen*—In 1609 when Galileo was in Venice he heard of the invention in Flanders of a telescope. He soon thought out for himself the principles of its construction and had it made.

24 *Mathematik ist eine brotlose Kunst*—From the biographical sketch of Galileo it will be seen that the mathematical professorship which was his first appointment was very badly paid in comparison with the professorship of medicine, the subject which his father had originally sent him to a university to study.

die Republik—the Venetian Republic, the great maritime republic which grew up on the islands in the lagoon at the head of the Adriatic Sea in the early centuries of the Christian era. It was famous for its spirit of independence as well as for its wealth. By the 16th century the Republic had established itself on the mainland of Italy in order to assure safe routes for its trade to flow to and from its ships. But the Republic's decline as a power had begun. It was exhausted by wars at sea and on land; but the spirit of independence remained. With the support of the rebellious monk, Fra Paolo Sarpi, the Republic refused to obey the commands of the Pope that it should hand over its citizens or people protected by it to the Inquisition, to be tried for alleged offences against the Church. This is why Galileo was protected against Church interference as long as he lived in Venetian Republican territory. Padua was one of the cities on the Italian mainland which still belonged to the Republic.

Cremonini—The Jesuits had attempted to found a university of their own in Padua but they had to renounce their plan because there was such strong opposition to it from the existing university maintained by the Venetian Republic, in which Galileo taught. The opposition was led by Professor Caesar Cremonini. The Inquisition, too, tried to be active in the Republic but the Council of the Republic reserved to itself the final authority over its subjects and refused, for example, to deliver Cremonini up to the Inquisition when he became involved with it. Instead, as a mark of respect, the Council raised his salary.

die Inquisition—The Church had always taken measures to stamp out any variations from the official interpretation of the Christian faith, but from the beginning of the twelfth century its Canon Law evolved so that by the 13th century a regular code had been laid down for dealing with heresy. Members of the mendicant orders, especially the Dominicans, were used rather as policemen of the Roman Catholic Church to go round and enquire whether people were faithful to the beliefs of the Church. They were commissioned by the Pope to do this and to punish the erring. Punishment would vary from fines to penances, to imprisonment in a deep dungeon on a diet of bread and water. It was possible for the rich to buy themselves indulgences or better treatment. Finally, in obstinate cases where the alleged heretic would not recant there was burning at the stake. The Inquisition acquired its reputation for ruthlessness and terror because its commissioners were zealous and meted out severe punishment. Also, the court of the Inquisition was secret; no ordinary rules of justice applied; for example, the accused was not informed of the charge against him.

25 *Giordano Bruno*—born about 1548, this Italian philosopher was unable to accept some of the fundamental beliefs of the Roman Catholic Church, nor could he accept Calvinistic protestantism which was the alternative. Further, he rejected the Ptolemaic system of the universe in favour of the Copernican. After journeying around Europe, lecturing at the universities and publishing many books, he was finally invited to live in Venice. When the Inquisition demanded of the Venetian Republic that Bruno should be delivered to it and tried in Rome for heresy, the Republic handed him over; in 1593 he was imprisoned and after seven years as he still refused to recant he was excommunicated and burnt at the stake.

Herr Colombe in Florenz—Ludovico delle Colombe was to become the leader of the academic faction against Galileo when the latter settled in Florence. This group of professors inimical to Galileo came to be known as the "Pigeon League", a play upon

Colombe's name which means "dove". Colombe published a pamphlet in 1611 called "Against the Motion of the Earth", which attacked Galileo's opinions without mentioning his name. Then the two men disputed in print over Aristotle's explanation of why ice floats on water. The relationship between Galileo and the other university professors led by Colombe grew steadily worse and more bitter. The Pigeon League joined forces with those clerics who found Galileo dangerous and together they succeeded in bringing about his downfall.

26 *Machen Sie doch mal wieder was so Hübsches wie Ihren famosen Proportionalzirkel*—About 1597 Galileo invented the proportional or sector compasses which enabled architects, engineers and artillery officers to work out simply a number of problems in applied mathematics.

27 *General Stefano Gritti*—member of a Venetian family of mediocre talents whose name occurs, however, fairly frequently in Venetian history.

Ihr verbindet dem Ochsen, der da drischt, das Maul—Compare Deuteronomy 25, 4. "Thou shalt not muzzle the ox when he treadeth out the corn."

30 *Eure Exzellenz, Hohe Signoria*—Galileo is addressing the Doge as head of the Republic and the Councillors: "Your Excellency, Your Lordships".

Sagredo—From the time that he was professor at Padua Galileo had in actual fact a friend named Sagredo. He was said to be "a witty and eccentric patrician, whose house at Venice resembled Noah's ark, having in it all manner of beasts". He lobbied among members of the Venetian Senate to try to get Galileo's stipend raised. One senator even complained that Sagredo pestered him.

40 *Weil er nicht beweisen konnte! Weil er es nur behauptet hat!*—Galileo is here epitomizing the scientist whose conception of truth rests on demonstrable proof, not on assertion.

Ich glaube an den Menschen, und das heisst, ich glaube an seine Vernunft.—This belief in rational man is a comparatively modern idea to be developed more intensively during the 18th century.

43 *die "Mediceischen Gestirne"*—Through his telescope on 7th January 1610, Galileo first saw three bright objects close to the planet Jupiter. He observed them repeatedly as they revolved round the planet and then discovered a fourth. After a few weeks of calculation Galileo decided that Jupiter had four moons which he named the Medicean Stars after the Grand Duke Cosmo of the reigning Medici family of Florence and his three brothers.

Ich habe einen Brief dorthin geschrieben—In the spring of 1609 Galileo wrote to a Florentine gentleman about negotiations for this appointment: "If his Highness, with that courtesy and humanity which distinguish him above all other men, would deign to take me into his service, thereby rendering me satisfied to overflowing, I would say without hesitation that, having now laboured for twenty years, and these the best years of my life, in dealing out, so to speak, by retail, to all who chose to ask, that small portion of talent which, through God and my own labour, I have gained in my profession; my desire would be, to possess so much rest and leisure as to be able to conclude three great works which I have in hand, and to publish them before I die."

47 *Stolpern hier herum, gaffen und verstehen nicht die Bohne.*— They blunder about, staring open-mouthed, and they haven't got a clue.

49 *die Miasmen*—the poisonous germs.

50 *das Vergnügen eines Disputs*—the medieval disputation in Latin, more formal than a debate, which was conducted according to well-defined rules of language and logic and afforded great delight to intellectuals who were known to dispute on such subjects as "How many angels could balance on the point of a needle?"

51 *Aristotelis divini universum*—Latin was still the language in which scholars usually wrote and spoke in Galileo's time. As he matured, Galileo wrote in Italian which enabled his works to reach a wider public. He was assisting a movement away from Latin and into the vernacular already begun by the Reformation; it is said also that the plague had reduced the numbers of those able to teach Latin and to write it.

53 *warum einen Eiertanz aufführen*—Why are we beating about the bush?

56 *ein Kringel*—a small round cake or twisted bun.

Pater Christopher Clavius—a German scholar, a Jesuit, of whom the Pope of his day said "Had the Jesuit order produced nothing else than this Clavius, on this account alone it should be praised." He was a great teacher of mathematics; he wrote numerous text-books, helped with the reform of the calendar and took a very long time to be convinced of the accuracy of Galileo's observations and calculations. Yet as a respected authority in matters mathematical his recognition was important.

am Päpstlichen Collegium in Rom—the Roman College founded in 1551 by Ignatius; it was entirely in the hands of the Jesuits; at first it was a school, then it was raised to the status of a university which could confer degrees in philosophy and theology. It was then the highest seat of learning in the Church.

58 *Herr Galilei! Komm sofort mit! Du bist wahnsinnig.*—In the confusion and stress of the moment Frau Sarti lapses into the familiar "Du", only to revert to "Sie" in a later speech "Aber wer soll Ihnen

Ihr Essen hinstellen?"; this brings her back to their normal relationship of master and servant.

Galileo switches from the polite to the familiar form of address on more than one occasion, for example on p. 23 when he feels Frau Sarti's eye on him, and in this scene on p. 59, again on p. 84 when addressing the little monk. It should be noted that the dividing line between "Du" and "Sie" is not always rigid in German; in the operating theatre, for instance, the chief surgeon may address his assistants as "Du" whatever their position or rank in the profession. In war-time when soldiers are fighting in a "tight corner" it can happen that all ranks spontaneously use "Du".

59 *den englischen Gruss*—der Engelsgruss, Ave Maria or the Angelic Salutation, Luke 1, 28.

60 *Sie werden auf den Anger geschafft*—presumably this means that they are put into a common grave on common land.

61 *wer gestorben ist*—"wer" is an indefinite pronoun used collectively for "jemand".

62 *zu den Ursulinerinnen*—to the Ursuline nuns, members of an order founded in Italy in 1537 primarily to teach girls who would later go out into the world, having been well grounded in religion and the domestic arts.

64 *Collegium Romanum*—see note to p. 56 on the Roman College.

65 *Tycho Brahe*—a great Danish astronomer (1546–1601) who was famous for his meticulous measurement of the planetary orbits.

66 *Principiis obsta!*—Ovid: "Remedia Amoris", line 91. "Principiis obsta; sero medicina paratur, cum mala per longas convaluere moras." "Resist the first advances; too late is a cure attempted when through long hesitation the disease has grown stronger."

Sonne, stehe still zu Gibeon und Mond im Tale Ajalon—Joshua 10, 12.

68 *der grosse Clavius*—see note to p. 56.

70 *auf den Index*—The official list of specific books or classes of books forbidden by the Roman Catholic Church.

Kardinal Bellarmin—Cardinal Bellarmine (1542–1621) was a Jesuit scholar, rector of the Roman College, and an upholder of the authority of the Church at a time when the Counter-Reformation was trying to stem the tide of Protestantism in Europe and to combat the spread of new scientific ideas which undermined the Aristotelian scientific teachings accepted by the Church for centuries and taught in its colleges. Bellarmine was, however, a great enough man to appreciate Galileo's intellectual powers, while at the same time realizing as an administrator the danger of the new ideas.

Thaïs—Thaïs was a Greek courtesan, renowned for her wit and beauty, who, as Plutarch recounts, accompanied Alexander the

Great on his conquests in the Middle East. She is the "heroine" of Dryden's ode, "Alexander's Feast":

> "The lovely Thaïs by his side
> Sate like a blooming eastern bride."

She is one of the characters in Menander's play, *Thaïs*, remnants of which remain, and in Terence's comedy *The Eunuch* which was based upon Menander. It has not been possible to find the origin of this quotation made by Galileo in any Classical or German source. It is therefore possibly due to Brecht himself; if this is the case one can assume that Brecht used Thais as the arch-type of courtesan in the same way as Propertius in his elegy (Book IV, 5) advises the lady to

> "Play costly Thais' game
> (Witty Menander's dame)
> When the shrewd slaves are fooled by the stage whore."

71 ... *den Beginn des berühmten Gedichts Lorenzo di Medicis über die Vergänglichkeit*

> *„Ich, der ich Rosen aber sterben sah*
> *Und ihre Blätter lagen welkend da*
> *Entfärbt auf kaltem Boden, wusste gut:*
> *Wie eitel ist der Jugend Ubermut!"*

Lorenzo de' Medici (1449-92) known as "Il Magnifico", a great statesman of the Republic of Florence and also a poet. His most famous poem on the theme of the transitoriness of youth is "Trionfo di Bacco e d'Arianna" which begins:

> Quant'è bella giovinezza,
> Che si fugge tuttavia!
> Chi vuol esser lieto, sia:
> Di doman non c'è certezza.

The motif of the dying rose, beloved by Renaissance poets in other languages too, does not appear in this poem, however. The German translation would appear to be a condensed version of some stanzas towards the end of Lorenzo's poem of the shepherd Corinto, called "La Ritrosia":

> Eranvi rose candide e vermiglie,
> Alcuna a foglia a foglia al sol si spiega,
> Stretta prima, poi par s'apra, e scompiglie.
>
> . . . .
>
> Altra cadendo a piè il terreno infiora.
> Cosi le vidi nascere e morire,
> E passar lor vaghezza in men d'un 'ora.

Quando languenti e pallide vidi ire
Le foglie a terre, allor mi venne a mente,
Che vana cosa è il giovenil fiorire.

72   *Kardinal Barberini*—a member of a celebrated Florentine family, many of whom entered the Church. Maffeo Barberini was made Cardinal in 1606 and elected Pope in 1623, assuming the name of Urban VIII. During his tenure of office the Barberini family was appointed to many rich and high positions, which created something of a scandal even in those days.

Die Sonne geht auf und unter und kehret an ihren Ort zurück.—Ecclesiastes 1, 5.

Wer aber das Korn zurückhält, dem wird das Volk fluchen.—Proverbs 11, 26.

Der Weise verbirget sein Wissen.—Proverbs 11, 12.

Wo da Ochsen sind, da ist der Stall unrein.—Proverbs 14, 4.

Der seine Vernunft im Zaum hält, ist besser als der eine Stadt nimmt.—Proverbs 16, 32.

Des Geist aber gebrochen ist, dem verdorren die Gebeine.—Proverbs 17, 22.

Schreiet die Wahrheit nicht laut?—Proverbs 8, 1.

Kann man den Fuss setzen auf glühende Kohle, und der Fuss verbrennt nicht?—Proverbs 6, 28.

73   *Ihr sollt nicht mitschreiben*—Note that the secretaries have been making a record of the conversation until told to stop, a record presumably to be used as evidence if necessary.

74   *das Heilige Offizium*—The Holy Office is one of the eleven "congregations" in Rome. Under canon (Church) law each congregation is made up of cardinals who sit together with some officials and consultants to judge breaches of Church laws and to grant dispensations. The Holy Office is therefore like a committee acting on behalf of the Pope.

in Form der mathematischen Hypothese—this is the crux of the later accusation against Galileo, that he did not treat of the heliocentric system as an hypothesis but used it as an observed fact.

75   *Die Heilige Kongregation*—the Holy Office, see note above.

76   *Das Protokoll*—the evidence, the minutes of the meeting.

82   *der Stuhl Petri*—St Peter's chair, the throne of the Pope.

83   *eine Cellini-Uhr*—Cellini, the Renaissance artist-craftsman in gold and silver, is not known as a clock maker. The term "Cellini-Uhr" is probably used here as generally descriptive of expensive clocks in ornate cases.

Priap—Priāpos, the Greek country god of fertility. Often a wooden statue of this god would be placed in a park or garden.

die achte Satire des Horaz—from a 19th-century translation by
Theodore Martin:

> Erewhile I was a fig-tree stock,
> A senseless good-for-nothing block,
> When, sorely puzzled which to shape,
> A common joint-stool or Priape,
> The carpenter his fiat pass'd,
> Deciding for the god at last.
> So god I am, to fowl or thief
> A source of dread beyond belief.
> Thieves at my right hand, and the stake
> Which from my groin flames menace quake
> Whilst the reeds waving from my crown
> Scare the intrusive birds of town
> From these new gardens quite away,
> Where, at no very distant day,
> From vilest cribs were corpses brought
> In miserable shells to rot.
> For 'twas the common burial ground
> Of all the poor for miles around.

in den Esquilinischen Gärten—One of the seven hills of Rome is
named "Esquilino". From the time of Augustus it was known as a
burial ground for the poor of the city. The eighth Satire of Horace
contains a reference to the Esquiline gardens:

> Now it is possible to dwell
> On Esquiline and yet be well,
> To saunter there and take your ease
> On trim and sunny terraces,
> And this where late the ground was white
> With dead men's bones, disgusting sight.

84   *Kurie*—the Curia Romana; all the dignitaries, cardinals, prelates and officials who are attached to the Pope in Rome and who
help him to govern the Church form the Curia; the parallel in civil
government would be the Ministries headed each by a Minister
helping the Prime Minister to rule.

wo ist ihr göttlicher Zorn?—the kind of divine wrath with which
Christ drove the moneylenders out of the Temple.

warum das Weltmeer in Ebbe und Flut sich bewegt—Galileo is
here showing the monk his treatise on the tides which he circulated
in manuscript among his friends and later incorporated in his publication *Dialogue of the Two Great World Systems* in 1632. Galileo's
theory that the motion of the tides was a direct consequence of the
fact that the earth was both rotating on its own axis and revolving

around the sun was erroneous. But he was much attached to it and used it when in Rome in 1615-16 when trying to convince his hearers of the truth of the Copernican system.

88 *zu einem richtigen Astronomen an der Universität*—an allusion to the normal astronomer of the 17th century who was still expected to be an astrologer also.

89 *Fabrizius aus Holland*—Johann Fabrizius of Osteel in East Friesland in the Netherlands noted sunspots for the first time in 1610 and reported his findings in the following year.

Eine Schale fällt zu Boden. Galilei geht hinüber und hebt sie schweigend auf.—Federzoni may not be able to read Latin scientific books but as a technician making instruments for the scientist's use he is invaluable to Galileo and the scientist acknowledges his dependence upon the lens maker in this gesture.

90 *Gut, halten wir uns an die Eisstückchen; das kann Ihnen nicht schaden.*—This is too optimistic an opinion for it was a theory of Aristotle that Galileo was going to refute and the Church would not approve of that: even Federzoni a little later in this scene calls him "Heiliger Aristoteles", "Venerable Aristotle".

91 *Fulganzio*—the name of the little monk.

Eine Hauptursache der Armut in den Wissenschaften ist meist eingebildeter Reichtum.—Science had not progressed far because scientists imagined they knew all there was to know.

94 *. . . Und sie bewegt sich doch.*—This is a reference to a remark which Galileo is supposed to have made after he had recanted—"Eppur si muove". It is thought, however, to be apocryphal.

98 *Und was wir heute finden, werden wir morgen von der Tafel streichen und erst wieder anschreiben, wenn wir es noch einmal gefunden haben.*—This may well be described as a statement of the Marxist intention to re-examine all propositions, but it also shows how close Galileo had come to the idea of scientific verification; namely, that an experiment must be repeatable and produce (approximately) the same results.

100 *Fastnachtsumzüge der Gilden*—Processions were formerly held in big cities especially on Shrove Tuesday as an outlet for high spirits before the solemnity and fasting of Lent began. The Guilds of the various trades would take part, and as nowadays in the Lord Mayor's Show the procession often had a "theme".

Scene 10 is the first of its kind in this play, a scene in which dialogue is subsidiary to song. With its ballad-singing and dumb-show it will take longer to perform and be more important on the stage than might appear from the text. Its action and colour often give relief after much argumentative dialogue. Brecht uses the device of such a scene in most of his plays; he perfected the technique early in his career as a playwright in the *Dreigroschenoper*. The music composed by Hanns Eisler for *Leben des Galilei* can be found in Heft 15 of the Versuche of Brecht, published by Suhrkamp Verlag.

   erschröcklich—a distortion characteristic of a Bänkelsängerlied, "schrecklich".

102   *Brotkipf*—roll (of bread).

103   *Salto mortale*—a daredevil somersault or breakneck leap.

   eine grosse Blache—a big blanket.

109   *meine Dialoge über die beiden grössten Weltsysteme*—The book in the form of a conversation between three people discussing the relative merits of the Ptolemaic and Copernican systems which Galileo finally published in 1632 and which led to his summons and condemnation by the Inquisition.

   Der Wagen der Heiligen Inquisition erwartet Sie—In point of fact the Inquisitor of Florence came to Galileo's house at Arcetri outside Florence on the 1st October 1632, and served him with a formal summons from the Holy Office to present himself in Rome within 30 days; Galileo, never in robust health and now realizing the grave position he was in, fell ill and went to bed. Months went by during which he wrote to the Pope begging to be spared the rigours of a winter journey, during which his friends lobbied on his behalf and the Grand Duke did all within his power. In vain. Finally the Grand Duke advised Galileo that he must go and he offered the old man his own litter for the journey, the Tuscan Embassy in Rome as his residence, and ordered the Ambassador to help Galileo in his defence: on the 20th January 1633, Galileo set out on the journey which took him 23 days to Rome.

  We see here the effects of compression: the dramatist has moulded the facts of history to the limiting factors of the stage and to his purpose in telling a story simply.

110   *Und im Auslande . . . Eurer Heiligkeit spanische Politik wird von Menschen, denen die Einsicht mangelt, nicht verstanden, das Zerwürfnis mit dem Kaiser bedauert.*—The Pope was not only spiritual head of the Church but the secular head of the Papal States also. He had therefore material influence, military and political, not only in an Italy as yet ununited but in the world at large. Urban VIII had upon his succession sought to support the rising power of France against the traditional Papal friends, Austria (the Empire) and Spain. This was the period of the 30 Years' War, the war of religion which began in 1618 and during which, as the Inquisitor says, "Deutschland ist eine Fleischbank, und man zerfleischt sich mit Bibelzitaten auf den Lippen." Urban VIII had made a secret alliance with the Protestant King Gustavus Adolphus of Sweden by which he hoped to weaken the power of the Catholic states of the Emperor, Ferdinand II, and Spain and allow Catholic France to gain; France, through her statesman Cardinal Richelieu, was then to support the Pope and the

Papal States. Needless to say Urban did not succeed in winning anything in this game of politics. He found himself being told in public by a representative of the King of Spain, a cardinal, to remember "his more pious and more glorious predecessors" and to stop the scandal of making pacts with Protestant heretics.

112 *Er hat Freunde. Da ist Versailles. Da ist der Wiener Hof.* Galileo had connections with the French Court and the Imperial Court at Vienna through a number of illustrious correspondents who were interested in scientific discoveries and admired Galileo. After the discovery of the Medicean stars Henry IV of France sent a request to Galileo that he should name the next new one "the great Star of France" and call it "Henry" rather than "Bourbon", his family name. Unhappily Henry IV was assassinated in 1610. In a letter from France in 1611 Galileo read how "Marie de' Medici (Queen and Regent of France) in her eagerness to see the moon through the telescope (just delivered from Galileo's workshop) would not wait for it to be adjusted, but went down upon her knees before the window, thereby greatly astonishing the Italian gentleman who had brought the telescope into the royal presence" (*Private Life of Galileo*).

The French ambassador to Rome during the latter years of Galileo's life was a former pupil at Padua university to whom Galileo dedicated the *Discourses*.

As far as the Imperial Court at Vienna is concerned we know that Julian de' Medici, the Tuscan ambassador there in 1610, had been asked by the Emperor for a solution to the anagram by which Galileo established his claim to the discovery of Saturn. Also among his pupils at Padua had been the Archduke Ferdinand of Austria. When in 1618 three new comets appeared in the sky and speculation about their nature was rife among the educated laity as well as the astronomers, the Archduke Leopold of Austria came to visit Galileo on his sick-bed, as a friend, and to find out his views on the comets. The Grand Duchess of Tuscany was a sister of the Archdukes.

It will be seen that the Tuscan Court, Galileo's patrons, had family ramifications which reached to France and to Vienna.

Note that during the Papacy of Urban VIII Versailles was but a small shooting-box built by Louis XIII. It was not until 1661 that Louis XIV began the rebuilding of Versailles as we know it today.

115 *Das Motto: hieme et aestate, et propre et procul, usque dum vivam et ultra.*—In winter and in summer, near and far, as long as I live and beyond.

im Collegium Romanum—see note, p. 56.

118 *Verlesung vor dem Vorhang*—The reading of an extract from the *Discourses* written by Galileo in the years following his recantation and first published in Holland in 1637 brings this painful scene to an end. Brecht does not perpetuate the story that Galileo muttered "Aber sie bewegt sich doch" after he had recanted. By giving the reading from a work not yet written Brecht indicates to the audience that despite his submission Galileo went on with his scientific work. The dramatist shows his insight into human nature; a man like Galileo to whom doubt and investigation were the breath of life would be unlikely to give up the habit of working unless deprived by close imprisonment of all means of communicating his ideas.

Brecht also shows that great men have weaknesses. On p. 112 the inquisitor had already put his finger on Galileo's weakness; "er ist ein Mann des Fleisches". Andrea, in the bitterness of discovering that his hero is only human, accuses him of having recanted in order to save his belly. And the next scene opens with a strong interest being taken by Galileo in food, eating and cooking. In his old age and during his house-arrest by the Inquisition his human weakness is being played upon.

120 *Virginia . . . ist jetzt etwa 40 Jahre alt*—In fact Galileo's second daughter Virginia was born in 1606, entered a convent in 1613, never left the convent and therefore was not housekeeper to her father.

122 *wenn ich schwach bin, da bin ich stark.*—2 Corinthians 12, 10.

in unserer unnachahmbaren Imitatio—the "Imitation of Christ" by Thomas à Kempis, an Augustinian monk who lived from 1380 to 1471.

124 *Nichts von Descartes?*—René Descartes, 1596–1650, the French philosopher and scientist who travelled extensively and from 1623 to 1625 was in Italy, passing through Florence but not troubling to visit Galileo from whose writings he said he had learnt nothing. He finally settled in Holland in order to pursue his studies in quiet and safety. When in 1633 he heard of Galileo's condemnation by the Inquisition he stopped writing his treatise called *The World* in which he accepted the Copernican hypothesis that the earth moves round the sun. As a Roman Catholic he decided not to finish or publish his views on the system of the universe until he had a more generally acceptable thesis. His manuscript has never been found.

seinen Traktat über die Natur des Lichts—Descartes was interested in optics and the nature of light. He published his *Dioptric* in 1636 in which the law of refraction was printed for the first time. Descartes was accused of plagiarism because Willibrod Snell of Leyden university made the discovery in 1621 but did not publish it. Two points should be remembered: firstly, that scientific discoveries have often been made independently and more or less simultaneously (e.g. the invention of the calculus by Newton and by Leibniz); and secondly, that during Galileo's period accusations of plagiarism were continually being hurled about. It was only by the end of the

17th century that scientific societies and academies were becoming established; at their meetings discoveries were announced and discussed and publication followed in the societies' "proceedings", or journals. There was thus a regular method for announcing and claiming precedence in discovery. Galileo tried to meet the charges of plagiarism, as other scientists of his time did, by announcing his major discoveries in anagrammatic or coded form, the key being given only when and to whom the author desired.

The work which Descartes stuffed into a drawer would appear to be *The World* (see previous note).

Man gestattet nicht dem Ochsen, was Jupiter sich nicht gestattet—An ordinary scholar like Andrea is not allowed to profess what Galileo, the master, does not allow himself to profess.

This aphorism is an example of Brecht's style in dramatic writing; the bareness and simplicity of the language is often drawn from proverbs; here "quodlicet jovi, non licet bovi".

126 *Wenn dich dein Auge ärgert, reiss es aus.*—Matthew 5, 29 or Mark 9, 47.

128 *Und es gibt kein wissenschaftliches Werk, das nur ein Mann schreiben kann*—Scientific discovery arises from the age in which the discoverer lives; he does not work and think in isolation; certain lines of thought are "in the air"; more than one man may be working on the same lines, unbeknown to any others. See note, p. 124.

den wissenschaftlichen Beitrag—This is the 19th-century attitude to science in which scientists were thought of as making a contribution to the pool of scientific knowledge.

Die Grosse Babylonische, das mörderische Vieh—Revelations 17.

130 *Ich halte dafür, dass das einzige Ziel der Wissenschaft darin besteht, die Mühseligkeit der menschlichen Existenz zu erleichtern.*—Brecht is using Galileo as his mouthpiece: the ultimate justification of scientific pursuits is a social one.

Wissen um des Wissens willen aufzuhäufen—If scientists retire to their ivory tower and disclaim any social responsibility they are liable to become tools in the hands of the authorities, of politicians for example.

den hypokratischen Eid der Ärzte—the Hippocratic oath taken by graduates in medicine at some universities in which they swear not to divulge confidential information and to devote their knowledge to the good of mankind.

131 *Gib acht auf dich, wenn du durch Deutschland kommst*—Brecht wrote two versions of *Leben des Galilei* before finalizing the third version published here; they were the one written in exile in Denmark in 1938 and the second written for the stage production in California in 1947. There has been simplification as the result of cutting and rewriting. Speeches have been omitted which bear closely on this remnant of the original text, "Gib acht auf dich." Brecht prophesied through Galileo's mouth that light would break through the deepest darkness. "Ich bleibe auch dabei, dass dies eine neue Zeit ist. Sollte sie aussehen wie eine blutbeschmierte alte Vettel, so sähe eben eine neue Zeit so aus. Der Einbruch des Lichtes erfolgt in die allertiefste Dunkelheit. Während an einigen Orten die grössten Entdeckungen (Hahn's work on the atom) gemacht worden, welche die Glücksgüter der Menschen unermesslich vermehren müssen, liegen sehr grosse Teile der Welt ganz im Dunkel. Die Finsternis hat dort sogar zugenommen. Nimm dich in acht, wenn du durch Deutschland fährst und die Wahrheit unter dem Rock trägst."

With the dropping of the atom bomb on Hiroshima in 1945 and the use of the new discoveries for destruction the attitude of the dramatist changed and the present simplification resulted.

133 *Galileis Buch "Discorsi" überschreitet die italienische Grenze*— The Ambassador of France in Rome was an old pupil of Galileo. He insisted upon visiting Galileo even when he was imprisoned in his house at Arcetri and he accepted the dedication of the great scientific work, the culmination of much of Galileo's life's thought in physics, the *Discourses on Two New Sciences*, sometimes called *Dialogues on Motion*. The Ambassador would have seen to the publication of the new work in France but, Galileo having finished writing this in the summer of 1636, the manuscript was smuggled out of Italy to Holland (where it was published) by a member of the Medici family.

BIOGRAPHICAL SKETCH OF GALILEO

GALILEO GALILEI was born in Pisa on 15th February 1564. His family was a good, well-established Florentine one whose name had been changed two centuries earlier from "Bonajuti" to "Galilei". Thus the child who was born in 1564 was called by his Christian name "Galileo" and by his family name "Galilei". The practice in English is to call great Italians by their Christian names. In Germany it is the surname which is generally used, so that the character in Brecht's play is named "Galilei".

Galileo's father, Vincenzio, was well educated in the classics, in mathematics and in music. He was a fine player on the lute and he published works on the theory of music. He must have wished to give his son a good education but the family fortunes were at a low ebb: Galileo was sent to the Benedictine monastery of Vallombrosa when he was thirteen. He stayed two years during which he was taught classics, logic and theology. Then his father took him away, ostensibly because his son's eyesight was suffering, actually, it is thought, because he feared that Galileo was growing too interested in becoming a monk, and as such he could hardly re-establish the family fortunes.

There are considerable gaps in our knowledge of Galileo's education. We know, however, that he too became a fine musician; that he developed a great love of painting and would himself have chosen to be a painter; and that in 1581 when he was seventeen he entered the university of Pisa as a student of medicine. His father had intended that he should follow a business career but he must have decided that his son had a talent for learning. But scholarship and the professions do not usually bring great financial rewards; medicine was chosen as likely to prove the most lucrative.

As with every subject studied at a university in those days the study of medicine entailed following a course in philosophy. Galileo found that he could not accept blindly the statements

151

made by his teachers of philosophy, however well supported they might be by quotations from the writings of the ancient Greeks. Of all the Greek writers the works of Aristotle were the most quoted and venerated, forming the basis of university teaching in philosophy and science. Galileo's attitude was sceptical; if a theory was capable of experimental testing, it should be so tested. It should not be accepted simply because Aristotle had maintained it. He was not abashed by his junior status as a student but argued with his teachers, even contradicting them if he thought he could prove his case. This attitude of doubt may well have been a family one for there is a much quoted passage from Vincenzio's book, *Dialogue on Ancient and Modern Music*, which runs:

"It appears to me that they who in proof of any assertion rely simply on the weight of authority, without adducing any argument in support of it, act very absurdly. I, on the contrary, wish to be allowed freely to question and freely to answer you without any sort of adulation, as well becomes those who are truly in search of truth."

The Galilei family had a friend, a mathematician, who was tutor at the Court of the Grand Duke of Tuscany. Galileo happened to visit him one day when he was lecturing to the Duke's pages on geometry. Galileo stood in the doorway listening intently. Although he had doubtless learnt arithmetic, mathematics had not so far appeared on his curriculum. Now he wanted to study nothing but mathematics. The family friend helped him. His medical studies were neglected; unhappily the expense of paying for a university course which his son was not really following was too great for his father. Galileo left the university of Pisa without a degree and went to live in Florence where the family had now settled. Here he continued to study mathematics and physics with the help of the Court tutor whom he quickly outstripped in knowledge. The pupil was soon speculating on problems in mathematics and entered into correspondence with the celebrated mathematicians and scientists in Italy of his day, writing about problems, airing his views, describing his experiments and the mechanical contrivances which he was fond of making. He was 24 years old.

But a gentleman with no fortune must earn his living. Galileo took private pupils. He was fitted for one profession and was well known in one branch of learning; he must therefore become a professor of mathematics. This was not to prove as easy as he thought, despite the influence of his many illustrious friends and correspondents. He applied for four different professorships during 1587 and 1588. Finally he was appointed at Pisa university with the wretched salary of 60 scudi a year. It is difficult to translate the value of this money into modern terms. One German historian has calculated that the salary would amount to between £60 and £70 a year. At least it can be accurately stated that the professor of medicine received 30 times as much. Galileo would now be certain, however, as an established teacher of getting as many private pupils as he could take.

All his adult life Galileo was to assume financial responsibility for many members of his family and for many years he found it difficult to discharge his responsibilities. When his father died in 1591 Galileo became head of the family. This consisted of his widowed mother, two sisters older than himself, and a younger brother. The latter, named Michelangelo, was always a financial burden. Galileo had to pay his brother's contribution to the dowries of his sisters as well as his own; he supported him until he was qualified as a musician to earn a living, and then Michelangelo was not eager to work; he equipped him with everything necessary for a gentleman to set up as musician at the Court of the King of Poland; he paid his travelling expenses; he supported Michelangelo's wife and seven children when they came to live with him during his later years in Florence. Uncomplainingly in his letters Galileo writes of his plans to give financial aid to any of his family who ask for it. There is no doubt of his generosity nor of his need for more money. Thus in 1592, when he was offered a more lucrative post at Padua university within the boundaries of the Republic of Venice, he left his native Tuscany.

From the time of his first appointment as a professor, Galileo must have led a busy life. First there was his public and private teaching. Then he was consulted by his employer, be he the Grand Duke of Tuscany or the Doge of Venice, about practical mechanical and scientific problems concerning the State. For example, he was asked to examine the model of a big dredging machine and to declare whether it would work; again, he had to re-design land fortifications for the Venetian Republic because there had been new developments in the use of artillery. Not only did he teach mathematical theory but he applied his knowledge for the benefit of his employers. He also continued to pursue mathematical problems and to write.

During his first six years at Padua university Galileo established himself as a great teacher. He was well known throughout Europe and scholars came from many countries to hear him lecture. He corresponded with the famous astronomers and mathematicians of his time. By 1598 his friends, and it can be imagined that Galileo agreed with them, thought that his appointment at Padua should be renewed and that he was worth a higher salary. They conducted a campaign with the authorities on Galileo's behalf and succeeded in their aims. Galileo moved into a larger house where some of his private pupils could be boarders. He also took into his house a Venetian lady, Marina Gamba, whom he never married but to whom he gave a good dowry when she finally married another man in 1613. It is not known why Galileo never married although it has been suggested that Marina was not sufficiently well born and that he did not feel able to shoulder the financial responsibility of a settled family of his own. Be that as it may, he had the responsibility of the three children which Marina bore him, Polissena, Virginia and Vincenzio. He treated them well and his eldest daughter, at least, recognized and praised her father's generosity where he had no legal obligations.

During the summer vacations Galileo usually returned to Florence which he regarded as his home and which he loved to the end of his days. He began to teach the Grand Duke's son, Cosmo, during the summer holidays of 1601. The Grand Duke himself admired Galileo as a mathematician and the Grand Duchess, living in an age which believed fervently in astrology, considered him to be most skilful in the casting of horoscopes. Galileo was undoubtedly a genius in science and mathematics; but he was also a man of the seventeenth century. If it were expected that the professor of mathematics who lectured in astronomy would also cast horoscopes, then Galileo would do the bidding of his patrons and be an astrologer too. We need not assume that he believed in astrology; when he was convinced of the falsity of the Ptolemaic system of the universe he still gave lectures on it because it was "on the syllabus". This did not mean that he believed in it, for he was at the same time drawing crowds to his lectures in which he argued passionately in favour of the Copernican system.

In 1604 Galileo's third six-year term of office at Padua university was confirmed and his salary (now to be higher than any previous mathematics professor's) was again raised by the Council of the Venetian Republic, which made no protest against the new theories of the universe which he was propounding. It might be thought that he would be satisfied to stay in and work for the Republic: he was even more highly regarded there after 1609 when he constructed a telescope and demonstrated its power to the Council. It is true that a telescope had already been, almost accidentally, made in Holland; but Galileo, upon hearing of the suggestion that distant objects might be magnified by an arrangement of lenses in a tube, set about designing one on paper mathematically. The resulting telescope magnified much more powerfully and allowed the viewer to see objects the right way up, instead of inverted as the Dutch telescope had done. The Council was much impressed by the usefulness of Galileo's instrument especially for sighting enemy warships at the approaches to Venice. Orders were given to him for more telescopes, his salary was immediately doubled and his professorship guaranteed to him for life.

The telescopes which now came in a steady stream from the workshop in Galileo's house were a considerable improvement over the first ones in magnifying power. It was not long before they were turned towards the heavens to reveal to Galileo aspects of the universe which no man had seen before. The surface of the moon, the great number of stars in the Milky Way, the four moons of Jupiter (to which Galileo gave the name of "Medicean Stars" in honour of the Grand Duke of Tuscany and his three brothers whose family name was Medici)—such were the discoveries which the telescopes revealed. At least they were revealed to those who would look: some looked but refused to believe the evidence of their eyes; others, learned men, refused to look at all. This was perhaps understandable when we realize that by peppering the skies with stars and interpreting implicitly the new phenomena through the Copernican system, Galileo had destroyed all hope of continued belief in the ancient Greek conception of a perfect universe neatly laid out in nine layers centred on the Earth. It is painful for some to throw away the beliefs of the past in which they were brought up; for others of a more adventurous turn of mind it is painful to be confined to tradition. Galileo's was an adventurous, a curious, a searching mind. He became more and more irritated by the demands made on him to teach, to produce telescopes, to solve mechanical and ballistic problems for the Republic of Venice, his employers. He felt he was being forced to waste his time on unimportant things when his fertile brain was seething with new ideas. Leisure in which to think was what he needed and what the Court at Florence seemed prepared to offer.

In February 1609 the Grand Duke of Tuscany died and was succeeded by his son Cosmo, Galileo's former pupil. Galileo hoped much from him and set in train secret negotiations to obtain a paid position at Court, namely Mathematician and Philosopher to His Highness. In the spring Galileo wrote to a Florentine gentleman of his acquaintance:

"I do not think that I could meet with greater leisure anywhere than at this place, so long as I find it necessary to depend on my public and private lectures for the support of my family; nor would I willingly teach in any other city than this, for many

reasons which would be too long to state. Nevertheless, even
the liberty which I have here is not enough, where the best
hours of my day are at the disposal of this man or the other.

"It is impossible to obtain from a Republic, however splendid
and generous, a stipend without duties attached to it; for to
have anything from the public one must work for the public,
and as long as I am capable of lecturing and writing, the
Republic cannot hold me exempt from duty, while I enjoy the
emolument. In short, I have no hope of enjoying such ease and
leisure as are necessary to me, except in the service of an absolute prince."

Later in the same letter he writes, "Daily I discover new
things, and if I had more leisure and were able to employ more
workmen, I should do much more in the way of experiment
and invention." A year later the negotiations for his appointment to the Court of the Grand Duke Cosmo of Tuscany at
Florence were well advanced. Galileo wrote to the Grand
Duke's secretary, "I should wish to gain my bread by my writings, which I would always dedicate to my Serene master. . . .
The works which I wish to finish are principally these: two
books on the system of the universe; an immense work full of
philosophy, astronomy and geometry; three books on local
motion, a science entirely new; no one, either ancient or
modern, having discovered any of the marvellous accidents
which I demonstrate in natural and violent motions; . . . three
books on mechanics, two on the demonstration of its first principles and one of problems . . . I have also various treatises on
natural subjects, on sound and speech, on sight and colours,
on the tide, on the composition of continuous quantity, on the
movement of animals, and others; besides, I have also an idea
of writing some books on the military art, giving not only the
model of a soldier, but teaching with very exact rules, all which
it is his duty to know that depends on mathematics; as for instance, the knowledge of encampment, drawing up battalions,
fortifications, assaults, planning, surveying, the knowledge of
artillery, the use of various instruments etc." One wonders
what else may have been included in the "etc." in Galileo's

mind. The Grand Duke did not hesitate long before extending his patronage to his former teacher; in the autumn of 1610 Galileo left Padua for Florence with a gold badge and chain of office, the title of Mathematician and Philosopher with no specific duties and a salary of 1,000 scudi a year.

Now he was to be able to experiment and write about his findings at leisure. Now the noble life of learning was to flourish. So Galileo thought; but he was to be undeceived. The work which he had published in March 1610 (before leaving the Venetian Republic), a copy of which he had included with every telescope made in his workshop and sent away, was the *Sidereus Nuncius* or "Messenger of the Stars"; it had aroused bitter opposition among some scholars in Europe.

From 1610 until the end of his life Galileo was to be a public figure, the object both of hatred and of admiration. At first admiration was paramount, not only from his disciples who were scholars but from the general educated public. Galileo was able to reach this audience new to science because he had begun to write his books not in Latin, the language of the learned, but in Italian, so that those who were literate could read. In a letter written in May 1612, Galileo wrote:

"I notice that young men go to the universities in order to become doctors or philosophers or anything so long as it is a title, and that many go in for those professions who are utterly unfit for them, while others who would be very competent are prevented by business or their daily cares which keep them away from letters. Now these people, while provided with a good intelligence, yet, because they cannot understand what is written in 'Baos' (a word coined by a comic playwright to indicate the learned language) retain through life the idea that those big folios contain matters beyond their capacity which will forever remain closed to them; whereas I want them to realize that nature, as she has given them eyes to see her works, has given them a brain apt to grasp and understand them."

The situation in those early years of the seventeenth century was to a certain extent analogous to that of our own times. In the mid-twentieth century new scientific ideas are bubbling up, space travel is seriously discussed and the attempt is being made to write about it in terms intelligible to the layman or the common man. Galileo, however, in his day had little belief in the common man. According to him the masses were too apt to be swayed by emotion and Galileo believed in the ability of human reason to come to sensible conclusions if presented with accurate physical observations. His own observations had changed the whole picture of the universe. His telescope had revealed not only the mountains and other markings on the moon, clusters of stars not visible to the naked eye, the moons of Jupiter, but also the ring of Saturn (although Galileo did not altogether understand this), the phases of Venus and the existence of sunspots. Galileo felt that he had by now sufficient observational material to establish the truth of the Copernican system and he wanted to have his ideas acknowledged.

It must be remembered that he was a good Catholic for whom Roman Catholicism was part of the background of Italian life and thought. Galileo therefore wished to have his discoveries accepted by the Church. The Jesuits with their emphasis on the importance of education had become by the first decade of the seventeenth century the leaders of intellectual life in the Church. Among the Jesuits their chief mathematician Father Clavius, or Clavio, Rector of the Roman College, a Church institution of university status, was the man Galileo had to convince. In October 1610 Clavius had declared "that he laughed at the idea of these four new planets: that to see them they must first be put inside the telescope: and that he should hold to his opinion and let Galileo hold his too, and welcome". Galileo became increasingly convinced that he must go to Rome himself, to persuade, to talk, to argue, to convert the dignitaries of the Church to the new scientific way of looking at the universe. At the same time, as a good Catholic, he did not wish to question the authenticity of the Scriptures. If the Bible appeared to support the Ptolemaic system and the findings of the telescope the Copernican system, one should not assume that the Bible was wrong. As Galileo wrote in 1613 to his former pupil Father Castelli, now professor of mathematics at Pisa, "though Scripture cannot err, its expounders and interpreters are liable to err in many ways. . . . In Scripture there are found many propositions which, taking the bare sense of the words, appear contrary to the truth, but they are placed there in such wise in order to accommodate themselves to the capacity of the vulgar."

In March 1611, accordingly, Galileo went to Rome with the Grand Duke's blessing and assistance. His visit was a social and intellectual success. He met all the important members of the Church hierarchy, was favourably received by the Pope, Paul V, and was elected a member of the highest Italian scientific society, the Academy dei Lincei. It was during this visit that he was introduced to Cardinal Barberini (later to be elected Pope Urban VIII) and to Cardinal Bellarmine, an established Father of the Church who, having strong scientific interests, arranged for Galileo's discoveries to be officially examined by a Church commission. Father Clavius, being a member of the commission, was finally convinced of the reality of that which was to be seen through a telescope and the sanction of the Church to believe in the evidence of the eyes was accordingly obtained.

It would seem that Galileo had gained his point. In 1611 his future could only appear to him glorious and assured. But beneath the surface of praise and admiration the forces of envy and hatred were moving.

Who were against him? In the first place the Dominican monks and especially those in Florence where a member of the order preached a sermon violently abusing Galileo and his ideas. Then there were laymen, scholars and professors at the universities, who either could not adapt their way of thought to new ideas or who were jealous of the brilliant mathematician. It must be confessed that Galileo was not cautious in the expression of his opinions about his colleagues. He enjoyed using his literary powers to write poetry bitingly satirical at their expense. Few men, especially of the second rank of intellect, can stand being laughed at. There were, too, laymen at the Court of Tuscany who, in the game of jostling for favour, resented the influence which they imagined a mere scholar, even though a gentleman, had with the Grand Duke. The mother ›of Cosmo II, the Dowager Duchess Cristina, was much impressed by the denunciation of Galileo by the monks and by the arguments of a professor who pointed out that Galileo's discoveries might be genuine but they were contrary to Scriptural teaching. In addition, Galileo had begun to fall foul of the Jesuits. The Jesuit Father Scheiner, a professor of mathematics, claimed that he had discovered the sunspots before Galileo. Scheiner's claim and his theory concerning the nature of the sunspots was refuted by Galileo in letters which were published on his behalf by the scientific Academy. As we have already noted, Galileo enjoyed argument and spared no man. He made an enemy of the Jesuit Father and gradually the members of the Society of Jesus closed their ranks against Galileo, rallied together and brought about his downfall. In 1612 the *Discourse on Floating Bodies* giving Galileo's principles of hydrostatics was published. This book was the result of experiments, for example, with ice floating on water. Galileo took up a position against Aristotle's opinions, performed many experiments and argued ingeniously from them. What he failed to do was to carry conviction with his enemies. It was at this time that the Scriptural issues were openly debated; a copy of Galileo's letter to Castelli fell into the hands of the Dominicans in Florence who, on the strength of it, denounced Galileo to the Inquisition. In the denunciation they complained "that the letter contains many propositions which appear to be suspicious or presumptuous, as when it asserts that the language of Holy Scripture does not mean what it seems to mean". The Inquisition in Florence examined the complaint, heard witnesses and forwarded the evidence to Rome to its headquarters. The Inquisition, founded to maintain the purity of the Church's beliefs and those of its followers, worked in the utmost secrecy; Galileo's books, theories, his character itself were all examined and were now "on the file" in what might correspond to the Church's security department. Galileo knew nothing of the denunciation, he only suspected that there was trouble afoot. By 1615 he became convinced that he must go to Rome again, to support his views, to appeal in person to the higher clergy amongst whom he numbered at least two cardinals as his friends, Barberini and del Monte, so that true science in the shape of the Copernican system might be, if not incorporated into the teaching of the Church, then at least permitted to be discussed.

From the visit to Rome in 1615 until Galileo's death in 1642 the background to his life is one of conspiracy and a struggle of human forces which many would declare fictional were it not for the historical and documentary evidence which has been assembled. The intricacies of the plotting and the clever arguments with which Galileo countered his enemies when he could get them into the open are far beyond the scope of a biographical sketch. They are as fascinating to read as a detective story in which Galileo's reputation is the corpse. Here we can only list the main events which punctuated the struggle. In March 1616, a decree was publicly promulgated in Rome, placing upon the Index of forbidden books Copernicus' own book and two other works favouring his system of the universe. So Galileo's attempts to persuade Rome of the rightness of Copernicus' views had failed. Furthermore two of his own statements about sunspots, based on Copernican theory, had been examined in private by the Qualifiers or experts of the Holy Office; in February they had given their opinion and at the next meeting of the General Congregation of the Inquisition it was unanimously declared that "Proposition I. The Sun is the centre of the world and hence immovable of local motion" was "foolish and absurd, philosophically and formally heretical, in as much as it expressly contradicts the doctrine of the Holy Scripture in many passages, both in their literal meaning and according to the general interpretation of the Fathers and Doctors." "Proposition II. The Earth is not the centre of the world, nor immovable, but moves according to the whole of itself, also with a diurnal motion," was declared "to receive the same censure in philosophy and as regards theological truth to be at least erroneous in faith".

Be it noted that Galileo himself was not censured, neither were his works placed at this date on the Index. In the files of the General Congregation of the Inquisition the censure of the propositions is recorded as having been reported to the Pope. It continues "and His Holiness has, directed the Lord Cardinal Bellarmine to summon before him the said Galileo and admonish him to abandon the said opinion; and, in case of his refusal to obey, that the Commissary is to enjoin on him, before a notary and witnesses, a command to abstain altogether from teaching or defending this opinion and doctrine and even from discussing it; and if he do not acquiesce therein, that he is to be imprisoned."

It is possible to see in the subsequent course of events the high regard in which Galileo was still held in Rome in 1616. Cardinal Bellarmine summoned Galileo to his own palace to tell him of the findings of the Holy Office and to admonish him. It was a private audience giving Galileo the "verdict" concerning the placing of the Copernican books on the Index before the decree was made public. Galileo submitted to the admonition but there was no fuss, no mention of Galileo's name in a decree. As he submitted to admonition there was no need for Bellarmine to proceed to a Papal injunction. Galileo had had a semi-public warning not to go too far in his teaching. He himself took the blow hardly. To be admonished by the Inquisition was a social disgrace. It meant that Copernican ideas, tolerated for 80 years and which he had actively supported, were now no longer acceptable to the Church. The admonition was recorded in the files of the Inquisition as having been given but no document signed by Galileo as having heard and submitted was filed. Galileo understood that when he submitted at the audience with Bellarmine he was agreeing that a good Catholic must not present the Copernican system as a philosophical truth; he must not bandy quotations from the Scriptures with the monks. But this would not prevent anyone from discussing it as a mathematical hypothesis. This is how Galileo interpreted the admonition. Rumour had it that he had been made to appear personally before the Inquisition and do penance for his sins. To counter this scandal Galileo asked Cardinal Bellarmine for a certificate which was duly granted and which is worth quoting as Galileo set so much store by it during his next encounter with the Inquisition.

"We, Robert, Cardinal Bellarmine, having heard that it is calumniously reported that Signor Galileo Galilei has abjured before us and has also been punished with salutary penance, and being requested to state the truth as to this, declare that the said Signor Galileo has not abjured, either before us or before any other person here in Rome, or anywhere else as far as we know, any opinion or doctrine held by him; but that only the declaration made by the Holy Father and published by the Sacred Congregation of the Index has been notified to him, wherein it is set forth that the doctrine attributed to Copernicus, that the Earth moves round the Sun and that the Sun is stationary in the centre of the world and does not move from east to west is contrary to Holy Scripture and therefore cannot be defended or held. In witness thereof we have written and subscribed this with our own hand this twenty-sixth day of May, 1616."

At the end of June Galileo finally left Rome to return to Florence. He was still in favour with the Grand Duke there but he himself was depressed. His health, never robust since he had had an attack of rheumatic fever as a young man, continued to trouble him. The brilliance seemed to have gone from his life. He sought comfort from the devoted attention of his eldest daughter who wrote constantly to her father from her convent near his home where he had placed both his daughters at an early age. There Sister Maria Celeste, the former Polissena, lived a life of poverty, happy in any help which she could give her father; her younger sister was less resigned. Galileo, too, was often asked by his daughter for help in small things which were of importance to the convent. Only he could mend the convent clock. Only he could buy the right ingredients for certain cakes which the nuns made. In return Sister Maria Celeste laundered her father's shirts and collars and mended them, or made copies of documents for him. Their correspondence, of which only the daughter's letters survive, is among the most poignant of human documents.

Where intellectual affairs were concerned Galileo must now learn the virtue of silence. He wrote constantly to his friends and pupils but published nothing. He felt it keenly that at a time when men were growing more interested in astronomy and in widening the boundaries of knowledge the decree of 1616 had put a stop to the process or at least to his part in furthering it in the Catholic world: the authority of the Church held ascendancy over observational science. But Galileo at the age of 52 was able to take the long view. Times could change, prelates would die. In the meantime his pupils could publish on his behalf his assessment of the nature of comets and when a Jesuit wrote a violent refutation of it Galileo felt strong enough to publish his own defence, *Il Saggiatore*, which received the Papal Imprimatur or permission to print after having passed the censor in 1623.

By 1624 the outlook for the scientific and non-theological world had changed. Bellarmine and the Pope were dead. Cardinal Barberini the Florentine and Galileo's erstwhile supporter was elected Pope. He had always manifested an interest in science. Galileo was sure that his own worth would be recognized now and that Urban VIII, the title which Barberini assumed on election, would usher in a new era of enlightenment. In 1624 therefore Galileo paid another visit to Rome. He was well received by Urban VIII but Galileo could not persuade him to have the embargo lifted from the Copernican theories. Whatever Urban may have believed personally he did not think it politic to tamper with any instrument of authority which the Church possessed. His experiences during the next decades, when he became politically involved in the Thirty Years' War and saw Europe rent by battle, did nothing to alter his opinion that the authority of the Church must be maintained intact. Of this Galileo had no idea. The Pope was said to consider the Copernican theories as rash but not heretical. "It was never Our intention; if it had depended upon Us, that decree (of 1616) would never have been passed." So Galileo was encouraged by favourable reports from his friends to finish his great work, *Dialogue of the Two Great World Systems*. In it he set out his astronomical findings with great literary and argumentative skill.

In May 1630, Galileo went to Rome to seek permission to print the *Dialogue*. All but the introduction, the index and the final revision was completed. Urban VIII was not against the book but he left the details of the inspection to the licenser, himself only requiring that an alteration be made to the title, that his own favourite argument in support of the Copernican theory be added, and that the subject, the relative merits of the Copernican and Ptolemaic systems, be treated strictly as an hypothesis. Galileo accepted the conditions and a few minor alterations made by the censor and returned to Florence with permission to print. Yet delay followed delay. The uneasy censor was not satisfied with the preface and the conclusion. He kept them in Rome. Galileo despaired. Pressure was brought to bear on the censor to allow the printing to begin, under the eye of the Florentine Inquisitor, in Florence. It was 1632 before he yielded and the *Dialogue* at last appeared.

At the same time pressure was being exerted by the monks against Galileo. His original enemies, the Dominicans, were now joined by the Jesuits whom he had insulted by publishing *Il Saggiatore* in reply to one of their number. The monks were on the move against him. Yet the *Dialogue* was an immense literary and scientific success, despite the attempt of the Church to confiscate all copies. Pope Urban VIII was said to be indignant because he identified himself with the character "Simplicio" in the book in whose mouth Galileo had put foolish arguments; regrettably too Galileo had given Simplicio the Pope's own favourite argument to propound and it sounded lame and foolish as he had written it. Author and printer were accused by spokesmen of the Church of having double-crossed the censor. After so much gossip a special commission was appointed by the Pope to examine the book and report. When the Grand Duke of Tuscany's ambassador had an audience of Urban VIII, Galileo's former friend and champion shouted at the ambassador: "Your Galileo has ventured to meddle with things that he ought not and with the most grave and dangerous subjects that can be stirred up in these days." Here was the heart of the matter. Galileo, in spite of all his precautions, had ventured to treat of subjects which the authorities, feeling the challenge of changing times, wished to reserve for their own.

Of the summons to Galileo to report to Rome to appear before the Inquisition, of his ill-health, of the difficult winter journey to the Holy City, of his persistent hope that his good name as a Catholic would be cleared, much could be written. The trial by the Inquisition was secret. Galileo did not know the charges of which he was accused until on the 12th April 1633, he officially surrendered to the Holy Office and, according to the rule, was kept in prison and apart from his friends throughout the trial. Life had been made less hard for the old man by the strong support and the care given him by the Florentine ambassador to Rome and his wife. The Church authorities also accorded him exceptional treatment by housing him in the Inquisition buildings, not in the dungeons as was usual. At the trial, all hinged upon the interpretation of the decree of 1616. To quote Bellarmine's certificate availed Galileo nothing although he believed it was his trump card. The Inquisitor told him that in 1616 he had been commanded before witnesses "that he must neither hold, defend nor teach that opinion (the Copernican) in any way whatsoever. Would Galileo say whether he remembered how and by whom the command was given to him?" He answered:

"I do not remember that the command was intimated to me by anyone but by the Cardinal (Bellarmine) verbally; and I remember that the command was 'not to hold or defend'. It may be that 'and not to teach' was also there. I do not remember it, neither the clause 'in any way whatsoever', but it may be that it was; for I thought no more about it or took pains to impress the words upon my memory, as a few months later I received the certificate now produced." He went on to say that this said only "not to hold or defend"; there was nothing about "not to teach etc."; he had relied entirely on the certificate.

The Inquisitor then asked him:

"After the aforesaid order was issued to him, did he receive any permission to write the book which he acknowledged was his?"

Galileo had no second certificate, no second piece of paper. He knew from the content of this question that he was trapped. He might wish to plead that all the arguments in his book were hypothetical, that Urban VIII had in his early years as Pope encouraged him to write the book, that he had received permission to print; all pleas were useless. Judges and prisoner alike knew that Galileo could not produce evidence that he had had permission to write the *Dialogue*; the issue was prejudged. According to the Church Galileo had gone too far. He had trusted in the enlightened scientific outlook of the times and had found the times not so enlightened. He found the authoritarian Churchmen clinging to their eroded positions.

The cross-examination and inquiry continued slowly until, on 30th April 1633, Galileo was brought to declare that, having re-read the *Dialogue* he could see the error of his arguments. If the Inquisition would give him means and time he would continue his writing, adduce new arguments and publish a sequel which would refute the Copernican theories. "My error, then, has been—and I confess it—one of vainglorious ambition and of pure ignorance and inadvertence." He had confessed and given in. He thought this would be the end of the matter, but he was to be disillusioned. The Pope and the monks wished to humble him, to make of him an example. So sentence must be judicially pronounced and the prisoner of the Inquisition be made to submit publicly. On 21st June this last stage of the trial was reached. Galileo was informed that, judging from his book, the *Dialogue*, he held Copernican opinions, or did at the time of writing; he must confess now or torture would be used. He replied: "I do not hold and have not held this opinion of Copernicus since the command was intimated to me that I must abandon it; for the rest, I am here in your hands—do with me what you please." Again he was told to speak the truth. "I am here to submit," he said, "and I have not held this opinion since the decision was pronounced." On the next day, having been brought into the large hall of a Dominican convent in the centre of the Holy City, and, as an eye-witness says, "clad in the dress of penitence", a special white shirt, Galileo knelt before his judges, ten cardinals of the Church, and sentence was pronounced.

They accepted his confession. "And, in order that this your grave and pernicious error (of heresy) and transgression may not remain altogether unpunished and that you may be more cautious in the future and an example to others . . . we ordain that the book of the *Dialogue of Galileo Galilei* be prohibited by public edict. We condemn you to the formal prison of this Holy Office during our pleasure and by way of salutary penance we enjoin that for three years to come you repeat once a week the seven penitential Psalms." The judges reserved the right to modify the sentence. Galileo then had to read a statement that his book gave rise to a "vehement suspicion of heresy", that he wished to remove this just suspicion, that he recanted and would never write such a thing again. Finally he signed the document—"I, the said Galileo Galilei, have abjured . . ."

Two days later he was released by the Inquisition and returned to the Florentine embassy. Thus he was spared harsh imprisonment, and when he petitioned the Pope to be allowed to go back to Tuscany, he was permitted to live in Siena under the eye of the Archbishop; but here he had too many visitors and was made too much of for the Inquisition's liking, so he was removed to his house outside Florence at Arcetri. But he was not free. He was constantly watched and he must ask permission to move outside the grounds of his domain. When he petitioned for greater freedom Urban VIII intimated that if he asked again he would be shut up in a dungeon.

Galileo's declining years were sad. He had always been a convivial person, fond of enjoying good food and wine in the company of friends and those able to appreciate intellectual argument. Now, though his friends might visit him, there was not the same freedom. Furthermore, he took to heart the disgrace of having fallen foul of the Church since he always considered himself to be a good Catholic. Although he lived for nine years under supervision, the habit of work, of thinking about new scientific problems and writing about them, was not to be discarded; but the zest had gone out of it.

In July 1634 he wrote in a letter, "I lived on very quietly, frequently paying visits to the neighbouring convent where I had two daughters who were nuns and whom I loved dearly; but the eldest in particular, who was a woman of exquisite mind, singular goodness and most tenderly attached to me. She had suffered much from ill-health during my absence (in Rome and Siena) but had not paid much attention to herself. At length dysentery came on and she died after six days' illness, leaving me in deep affliction." Sister Maria Celeste, the one person who could have made his last years more endurable, died in 1634. Galileo's former pupils, his friends and disciples, rallied round him and did their best. The family of the Grand Duke never deserted him. Indeed, a brother of the Duke smuggled the manuscript of Galileo's last great book, *Discourses on Two New Sciences*, out of Italy to France and thence to a printer's in Holland. In this book Galileo established a theory of motion and the foundations of dynamics. "My restless brain goes grinding on," he wrote, "in a way that causes great waste of time." Blindness was creeping on; he felt death near; yet he had so much more to tell the world; in his disturbed state the last idea would drive out the first. But he laboured on.

The Pope had at last allowed Galileo a somewhat less circumscribed life, so that in 1639 Milton was among the distinguished visitors who were allowed to pay their respects to the famous scientist. Milton wrote, "I found and visited the famous Galileo, grown old, a prisoner to the Inquisition for thinking in Astronomy otherwise than the Franciscan and Dominican licensers thought." If to this sentence we add "the Jesuits" we may allow Milton to sum up. The prisoner died on 8th January 1642, in his 77th year. The legend that he muttered "Eppur si muove"—"Yet it does turn" as he rose from his knees, having abjured and sworn that the earth does not turn round the sun, makes a fine epitaph to a fierce and fiery thinker, the founder of modern empirical and observational science; he may have wished that he could mutter defiance but since he had to come to terms with authority, "eppur si muove" must remain a egend. Galileo had been caught between the millstones of the age in which he lived, the old order and the new.

GALILEO'S PRINCIPAL SCIENTIFIC WORKS PUBLISHED DURING HIS LIFE-TIME

Sidereus Nuncius (on the Medicean Stars or Moons of Jupiter)	1610
Discorso intorno alle cose, che Stanno in su l'acqua o che in quella si muouono (the discourse on floating bodies)	1612
Istoria e dimonstrazione intorno alle Macchie Solari e loro accidente (on sunspots)	1613
Il Saggiatore ("the Assayer of metals", a reply to an attack by the Jesuit Father Grassi in his pamphlet "The Astronomical and Philosophical Scales" on Galileo for his advocacy of the Copernican system)	1623
Dialogo di Galileo Galilei (Dialogue of the Two Great World Systems, Ptolemaic and Copernican)	1632
Discorsi (Discourses on Two New Sciences, Mechanics and Motion)	1638

Appendix II

GALILEO AND THE DEVELOPMENT OF COSMOLOGICAL THEORIES

SINCE earliest recorded history it is known that men have been fascinated by the changing pattern of the sky and have tried to correlate and unify what they have observed in it. To primitive people—much more dependent on local manifestations of nature and more conscious of the sky than we are today—the daily rising and setting of the sun, the cycle of the seasons, the waxing and waning of the moon, the movements of the nearer planets against the backcloth of fixed stars, the occasional eclipse of moon or sun, the arrival and departure of comets—all these together provided an ever-present mystery and intellectual challenge. As men improved their techniques of astronomical observation and grew in their understanding of their physical environment, they found that one cosmological theory (or model or picture) after another was unable to account for all that could be observed in the sky. Each theory was held for a time and to people of its time it appeared to be a convincing and satisfactory description or "explanation". But slowly small differences inevitably emerged between the predictions of any cosmological theory and the actual observations of the heavens. They were at first ignored. Next they were regarded as negligible errors of observation and later as discrepancies eventually to be explained away in terms of the theory. But inevitably they became more numerous and difficult to incorporate into the theory. Sooner or later they were recognized by a few observers as evidence that the theory itself was fundamentally wrong. The old theory was then discarded by the few and a revolutionary new theory, accounting for all known observations including the awkward discrepancies, was slowly established. The cyclical process of establishing, modifying, testing, doubting and finally rejecting the succeeding theory began again.

172

The process continues to this day. Galileo lived at a time when one cosmological theory was breaking down; we live at a time in which the new theory that Galileo helped to establish is, in its own turn, beginning to break down.

So described, the process of changing a cosmological theory might appear to be a matter of concern only to academic astronomers. Two important points must be remembered, however; first, any well-established fundamental theory is likely to become a cornerstone on which other theoretical systems are constructed, and these in turn may be jeopardized if the fundamental theory is overthrown; secondly, cosmological theories are, of all scientific theories, subjects of intense general interest because they necessarily affect man's view of the universe and of his place in it. They concern man's view of himself. Moreover, any theory held long enough and supported by people of authority gradually loses the tentative hypothetical characteristics of its first scientific formulation and slowly petrifies into a system of hard indisputable facts. Those who try to introduce a new hypothesis, however tentatively, are challenged by people who do not regard themselves as holding an alternative hypothesis but who claim sincerely that "the obvious facts" are being ignored. The struggle to unconvince them can be long and bitter. The longer the old theory has been held, the more deeply it is likely to have become embedded in the social and intellectual structure of its age and the more difficult it will be to displace.

Galileo's life-time spanned the middle of a period during which one of the longest-lived cosmological theories was beginning to be doubted by those who, as astronomers, were most aware of its deficiencies. The prevailing cosmological theory of the sixteenth century was a synthesis of Greek theories of the universe formulated in the classical works rediscovered at the beginning of the Renaissance. The most exhaustive and authoritative of these systems was given in Ptolemy's *Almagest* (c. 150 AD) which was itself derived from earlier Greek ideas, especially those of Pythagoras and Aristotle. Pythagoras (c. 572–501 BC) was a mathematician and mystic who taught that "number rules the universe" and who gave to the Greeks their belief in the orderliness of nature and the mathematical perfection of the universe. Aristotle (c. 384–322 BC), a pupil of Plato, was a man of encyclopaedic knowledge, insatiable curiosity and indefatigable activity, who dominated every study known in his time and originated several new ones. Even in Galileo's time the authority of Aristotle in every academic study was still overwhelming (indeed we are still unlearning what Aristotle taught us). It was held that all true knowledge in every secular study was to be found, not by rational enquiry and experimental observation, but in the works of Aristotle.

Among the many physical laws which Aristotle enunciated, one stated that the "natural" or "perfect" motion of an object, isolated from all else and left to itself, is circular. Accepting this law, it follows that the heavenly bodies, of necessity perfect because they are heavenly, must move in circles around the earth. As a first crude approximation this law adequately describes the motion of the heavenly bodies; and ordinary mortals observing the heavens would agree that the sun and the moon circle the earth. But discrepancies were noticed by those who observed the planets systematically and Aristotle had to incorporate into his model of the universe a complicated modification of the simple rotating concentric spheres, each carrying a planet, and enclosed by the largest sphere of all which carried the fixed stars.

Each discrepancy could be "explained" by postulating the existence of minor spheres in the surfaces of which the planets were embedded. These minor spheres rolled on the major concentric spheres and, by suitable adjustment of their diameters, the composite arrangement of spheres could be made to give closer approximations to the orbits of the planets observed than the simpler model had succeeded in doing. But as further discrepancies arose even the minor spheres needed further subsidiary spheres to save Aristotle's model: his system finally required 55 spheres to describe the motions of the sun, the moon and the five planets then known.

Ptolemy (c. 85 AD–165 AD) elaborated Aristotle's model to

Diagram of the Universe according to the Ptolemaic System, after an illustration in Reisch's *Margarita Philosophica* of 1508

account for further observations and this was the final model, a highly complicated and ingenious contrivance of rolling spheres that summarized seven centuries of intellectual effort and astronomical observation by the Greeks. It might well be asked why we could not see the rolling spheres. Because they were made of the purest transparent crystal was the answer. Why could we not hear "the music of the spheres" as they rolled around the universe? Because their music was never silent. This was the model of the universe bequeathed to Christian Western Europe and fully accepted, with one or two notable exceptions, by Galileo's immediate predecessors and contemporaries.

By the middle of the sixteenth century, however, the seeds of doubt were beginning to be sown by the few professional astronomers who found difficulty in matching the Ptolemaic model of the universe with all their observations. Among these was Copernicus, a Polish priest and astronomer, who, in the year of his death (1543) and twenty-one years before Galileo was born, published a work in which he demonstrated that the Ptolemaic system could be simplified if the centre of the universe, the point from which the motions of the heavenly bodies were computed, was taken, in effect, to be the sun instead of the earth. (A similar heliocentric theory had been propounded by Aristarchus, c. 270 BC, but had long been forgotten or ignored perhaps because it is more flattering to man to believe in a homocentric theory.) But apart from the change of centre and the partial simplification of the model that this change entailed, the system of Copernicus was similar to that of Ptolemy—a complicated system of subsidiary spheres carrying the planets and rolling over a series of major and minor spheres. Though a significant challenge had been made, the Copernican system was still based on the Aristotelian concept of the perfection of circular motion. Nevertheless the Copernican system was rejected by the learned as being merely a pretty piece of mathematical fiddling with no relevance to the physical facts.

The most significant step was taken by the astronomer Kepler

1571–1630), a contemporary of Galileo. Kepler studied the orbits computed by Tycho Brahe, himself a meticulous astronomical observer, who, without telescopic instruments, had devoted most of his life to the careful recording of the planetary motions. Kepler hoped to find in these records, the most accurate data then available, some simple numerical or geometrical relations between the dimensions of the planetary orbits and the five regular solids (those of 4, 6, 8, 12 and 20 sides) which could be inscribed in or circumscribed about the spheres containing the planetary orbits—for Kepler was a devout follower of Pythagoras and Aristotle. Instead he stumbled on three empirical laws of great simplicity and generality. The three laws can be stated thus:

1. Each planet moves in an ellipse (different for each planet) which has the sun at one focus.

2. The planets move with varying speed round their elliptical orbits but in such a way that, for each planet, the line joining the planet to the sun sweeps over equal areas of the ellipse in equal times.

3. The square of the "year" of each planet (the time it takes to complete one journey round the sun) is proportional to the cube of the average distance of the planet from the sun.

Compared with the complications of the Ptolemaic system these laws are astonishingly simple and comprehensive. Yet at the time of their formulation they appeared as unwelcome and irrelevant mathematical oddities—apart from the satisfaction the third law gave to Kepler and his Pythagorean colleagues. An ellipse could only be regarded as a deformed and imperfect circle. Even Galileo was unable to appreciate the significance of these laws, apart from the support which they gave to his heliocentric views. Their physical interpretation had to await Newton's theoretical development of Galileo's experimental work on the acceleration of bodies falling under gravity.

Though Galileo believed that the sun was the centre of the universe he accepted the Aristotelian view that the planetary orbits were circular. (Kepler's orbits were rather "fat" ellipses, not far removed from circles.) But with the newly invented telescope Galileo saw the mountains on the moon, the satellites of Jupiter, the moon-like phases of Venus and, possibly, sunspots. All these observations suggested that there was a physical earthiness about the heavenly bodies far removed from the immaculate crystalline perfection with which Aristotle had endowed them.

So the foundations of the Ptolemaic system were eroded away; sometimes accidentally by men like Kepler who were trying to support it, sometimes by men like Galileo who though doubting it in part yet accepted much of it. The process of erosion was gradual but cumulative. It was resisted at every step because man's view of man's place in the universe was at stake. The theory had been identified with Aristotle and other classical authorities. If the theory were shaken, the authority of Aristotle himself would also be shaken; then, in turn, all that had been built on Aristotle's authority and finally perhaps Authority itself would be questioned.

The *coup de grâce* to the tottering Ptolemaic system was given, almost casually, by Isaac Newton who was born in the year that Galileo died. He showed mathematically that the same force which pulls an apple to the ground in an earthly orchard keeps the moon in its orbit round the earth; it keeps the earth and other planets in elliptical orbits round the sun; and all these orbits obey Kepler's laws exactly. The heavenly bodies are, after all, moved by earthly forces. The law of gravitation is universal; it applies to the heavens as to the earth.

The Newtonian system held undisputed sway until the beginning of the twentieth century. For two centuries all apparent discrepancies were eventually accounted for. Deviations from the planetary orbits which its laws predicted were shown to be perturbations caused by small, remote and hitherto unknown planets; mathematicians were able to tell the astronomers where to turn their bigger and better telescopes in order to see the new-found (but as yet unseen) planets. The theory seemed to be capable of embracing all the phenomena to which it could be applied. But once again minute but obstinate discrepancies began to be noticed, for example between the predicted and the observed orbits of Mercury. To explain them the Newtonian concepts of space, time and mass had to be challenged. At the beginning of the twentieth century Einstein came forward with his Theory of Relativity and the cycle of law, observation, error, adjustment and discrepancy began again.

BIBLIOGRAPHY

1. BERTOLT BRECHT'S CHIEF DRAMATIC WORKS IN CHRONOLOGICAL ORDER:

Baal
Trommeln in der Nacht
Die Dreigroschenoper
Die Heilige Johanna der Schlachthöfe
Furcht und Elend des Dritten Reiches
Leben des Galilei
Mutter Courage und ihre Kinder
Der gute Mensch von Sezuan
Herr Puntila und sein Knecht Matti
Der kaukasische Kreidekreis

2. BERTOLT BRECHT'S CHIEF THEORETICAL WORKS:

Über eine nichtaristotelische Dramatik	1949
Kleines Organon für das Theater	1952
Der Messingkauf	1957

All now published together with other theoretical works in one volume:
Bertolt Brecht: *Gesammelte Werke*, Bd. VII, Schriften I, *Zum Theater* (Suhrkamp, Frankfurt, 1967)

Publications of general interest:

Arbeitsjournal (Suhrkamp, 1973)
Tagebücher (Suhrkamp, 1975)

3. GENERAL CRITICISM AND DESCRIPTION BY OTHER AUTHORS OF BRECHT'S WRITING AND WORK IN THE THEATRE:

Sinn und Form. Beiträge zur Literatur. Herausgegeben von der deutschen Akademie der Künste. Zweites Sonderheft. Bertolt Brecht (Rütten und Loening, Berlin, 1957)
Materialien zu Brechts "Leben des Galilei", zusammengestellt von Werner Hecht (Suhrkamp, Frankfurt, 1963)
Theaterarbeit. 6 Aufführungen des Berliner Ensembles. Herausgeber: Berliner Ensemble. Helene Weigel (Dresden, 1952)

Eric Bentley: *The Playwright as Thinker: a study of drama in modern times* (Harcourt, New York, 1946)

Eric Bentley: *In Search of Theater* (Dobson, London, 1955)

Theo Buck: *Dialektisches Drama, Dialektisches Theater*. Anmerkungen zu Brechts "Leben des Galilei" (Etudes Germaniques. Vol. 33 (1978) pp. 414–27)

Keith A. Dickson: *Towards Utopia: a Study of Bertolt Brecht* (Clarendon Press, Oxford, 1978)

Hanns Eisler: *Gespräche mit Hans Bunge: Fragen Sie mehr über Brecht*. Übertragen und erläutert von Hans Bunge (VEB Deutscher Verlag für Musik, Leipzig, 1975)

Martin Esslin: *Brecht: a Choice of Evils. A Critical Study of the Man, his Work and his Opinions* (Heinemann Educational Books, London, 1965)

Kurt Fassman: *Brecht: eine Bildbiographie* (Kindlers Klassische Bildbiographien. Kindler Verlag, Munich, 1958)

Ronald Gray: *Brecht: the Dramatist* (CUP, Cambridge, 1976)

Werner Hecht: *Bertolt Brecht: Sein Leben in Bildern* (Suhrkamp, Frankfurt, 1978)

Claude Hill: *Bertolt Brecht.* (Twayne Publishers, Boston, Mass., 1975)

Volker Klotz: *Bertolt Brecht. Versuch über das Werk* (Gentner, Darmstadt, 1957)

Michael Morley: *Brecht: a Study* (Heinemann Educational Books, London, 1977)

Ernst Schumacher: *Drama und Geschichte: Bertolt Brechts "Leben des Galilei" und andere Stücke* (Henschel Verlag, Berlin, 1965)

Ernst Schumacher: *Die Dramatischen Versuche Bertolt Brechts 1918–1933* (Rütten und Loening, 1955)

Ernst and Renate Schumacher: *Leben Brechts in Wort und Bild* (Henschelverlag, Berlin, 1979)

Geneviève Serreau: *Bertolt Brecht: Dramaturge* (L'Arche, Editeur, 1955)

Klaus Völker: *Bertolt Brecht. Eine Biographie* (Hanser Verlag, Munich, 1976)

Alfred D. White: *Bertolt Brecht's Great Plays* (Macmillan, Basingstoke, 1978)

John Willet: *The Theatre of Bertolt Brecht: a Study from eight Aspects* (Eyre Methuen, London, 1977)

John Willett: *The New Sobriety, 1917–1933. Art and Politics in the Weimar Period* (Thames and Hudson, London, 1978)

Michael Wood: "Taking Brecht's Measure" (Review article in *The New York Review*, 15 May 1980)

Werner Zimmermann: *Brechts "Leben des Galilei". Interpretation und didaktische Analyse* (Beihefte zum "Wirkenden Wort". Pädagogischer Verlag Schwann, Düsseldorf, 1965)

Translations

Bertolt Brecht: *Diaries 1920–22*, ed. Herta Ramthun, translated by John Willett

Bertolt Brecht: *Poems 1913–1954*, ed. Willett, translated by Ralph Manheim

Bertolt Brecht: *Life of Galileo*, translated by H. Brenton

Bertolt Brecht: *Mother Courage*, translated by John Willett

Klaus Völker: *Brecht, a Bibliography*, translated by John Howell

4. WORKS ON GALILEO:

G. de Santillana: *The Crime of Galileo* (Heinemann, 1958)

Stilman Drake: *Galileo* (Past Masters series, OUP, 1980)

J. J. Langford: *Galileo, Science and the Church* (University of Michigan Press, revised edition 1971)

F. Sherwood Taylor: *Galileo and the Freedom of Thought* (Watts, 1938)

VOCABULARY

Ab!: Away! Off with you!
abändern: to change
das Abbild: image
die Abendtafel: supper
der Aberglaube: superstition
abgearbeitet: work-worn
abgeschmackt: absurd, fatuous
abgesehen von: apart from
der Abhang: slope
abhängig: dependent
abhauen: to cut off, lop off
ablehnen: to decline, reject, take exception to
die Ablenkung: deflection
abliegend: out-of-the-way
die Abneigung: aversion
abreiben: to rub down
abriegeln: to bar, close off, bolt the door
abrutschen: to slip off
abschaffen: to abolish
abscheulich: horrible, dreadful
der Abschnitt: paragraph
die Abschrift: copy
abschütteln: to throw off, shake off
abschwören: to renounce
von etw. absehen: to drop s.th., disregard
absehend: apart
abseitig: remote
die Absicht: purpose, intention
absolvieren: to complete, serve
absperren: to close off
der Abstand: distance, interval
das Absterben: death, dying day
abtragen: to remove, do away with
abwiegen: to weigh out
abwinken: to wave aside (dismissively)
in Ach und Weh: in grief and sorrow
achten: to pay attention to
das Adelsschild: coat of arms

der Agierende: actor
allerhand: all kinds of things
das ist allerhand: that's a bit much
der Allmächtige: the Almighty
das Altertum: antiquity
die Ameise: ant
der Anblick: sight
anbrechen: to dawn
anekeln: to disgust
anerkennen: to recognize, acknowledge
anfertigen: to produce
angehen: to concern
die Angelegenheit: matter, affair
angemessen: suitable
der Anger: meadow, common
angesichts: concerning
angesichts von: in the face of
der Angriff: attack
jdm eine Angst einjagen: to strike terror into s.o.
anhängen: to stick to, persist
anheften: to fix
anheim fallen: to fall to, devolve upon
ankleiden: to robe
ankommen auf: to depend on, matter
anlangend: concerning
anleuchten: to light up, illuminate
anliegend: neighbouring
anlügen: to lie to
anmachen: to attach
die Annahme: assumption, hypothesis, acceptance
annehmen: to assume, accept
anordnen: to arrange
anrechnen: to count
anregen: to stimulate
ansagen: to announce
die Anschauung: view
sich anschicken: to prepare to

das Ansehen: reputation

die Ansicht: opinion

der Ansporn: incentive

in Anspruch nehmen: to claim, demand, require

anständig: decent(ly)

die Anstellung: post, appointment

Anstoß nehmen: to be scandalized

das Ansuchen: request, application

das Antlitz: face, countenance

antun: to do

anwenden: to apply

anwesend: present

die Armut: poverty

das Artilleriezeughaus: ordnance arsenal

der Ast: branch

auf!: up! arise!

aufdecken: to reveal

sich jdm aufdrängen: to crowd in on s.o.'s mind

auffallend: remarkable, remarkably

auffangen: to catch (hold of)

die Auffassung: conception, view

aufgehend: rising

aufgehoben—besser aufgehoben: better off

aufgeklärt: enlightened

aufgeschlagen: open

aufhäufen: to accumulate

aufhorchen: to prick up one's ears, sit up and take notice

die Auflehnung: resistance, rebellion

aufleuchten: to flash, appear

die Aufmerksamkeit: attention

jdm Aufmerksamkeit schenken: to pay s.o. attention

aufnehmen: to receive

aufpassen auf: to watch over

aufräumen: to tidy up

aufregen: to excite

aufrührerisch: rebellious, mutinous

die Aufsicht: supervision

aufstellen: to establish

sich aufstellen: to station oneself

der Aufstieg: ascendant

aufstören: to upset

aufstülpen: to pop on

aufsuchen: to look up

den Auftrag haben: to be instructed, commanded

auftragen: to charge

sich aufwerfen: to set oneself up

aufwirbeln: to stir up

aufwischen: to clean, mop up

die Aufzeichnung: sketch; (pl.) papers, notes, records

der Aufzug: attire, get-up

der Ausbau: development

ausdauern: to have staying power

sich ausdehnen: to become protracted, drawn out

auseinanderkennen: to distinguish

ausfahren: to put out to sea

ausgedehnt: spacious, expansive, extensive

die Ausgelassenheit: great fun, high spirits

ausgeschlossen: quite impossible, out of the question

aushändigen: to hand over

ausheben: to excavate, dig out

ausholen: to prepare

sich mit jdm auskennen: to know where one is with s.o.

auskommen: to manage

die Auslegung: interpretation, comment, explanation

ausliefern: to hand over

auspeitschen: to whip

die Ausreise: departure, exit

ausreißen: to pluck out

ausrenken: to dislocate

ausrufen: to proclaim

ausschütten: to throw out

außer sich: beside oneself

äußern: to express, voice, speak for

äußerst: extremely

außerstande: incapable

die Äußerung: utterance

der Ausspruch: pronouncement
die Aussteuer: dowry, trousseau
das Aussteuernähen; sewing a trousseau
die Auster: oyster
ausstopfen: to stuff, pad
ausstreichen: to cross out
ausverkaufen: to sell off
ausziehen—Linien ausziehen: to ex-
tend lines
  Wurzeln ausziehen: to extract
  square roots

die Backe: cheek
die Bäckereien (pl.): pastries
die Bahn: orbit, path, course
der Balken: beam
der Band: volume, book
das Bargeld: cash
barsch: harsh(ly)
basta: enough, so that's that
baufällig: in ruins, dilapidated
der Bauherr: master builder
die Bauleute: builders
bäurisch: rustic, boorish
beabsichtigen: to propose, have in mind
bedauernswert: deplorable, pitiable
sich bedecken: to be covered
die Bedeutung: significance, importance
das Bedürfnis: need
befehlen: to order
befestigen: to attach
die Befestigung: fortress, fortification
das Befinden: health
befinden: to deem, find
sich befinden: to be, live
beflecken: to stain, besmirch
sich befreunden: to come to terms,
reconcile oneself
die Befürchtung: fear
befürworten: to recommend
sich begeben: to betake oneself, go
begierig: curious
begleiten: to accompany

der Begleitstern: satellite
beglückwünschen: to congratulate
sich begnügen: to be content
begreifen: to grasp, comprehend,
know
im Begriff sein: to be about to
begründen: to establish, found
behandeln: to treat, deal with, be
concerned with
behaupten: to declare, claim, assert
die Behörde: authority
beibringen: to teach
der Beichtvater: father confessor
der Beifall: applause
der Beitrag: contribution
bekanntlich: as is well known
bekommen: to suit, receive
sich bekreuzen: to cross onself
bekümmern: to worry about
beleibt: plump, stout
beleuchten: to illuminate
beliebig: any...whatever/at all
  in beliebiger Menge: any amount
  of
die Belohnung: reward
belustigt: amused
sich benehmen: to behave
bequem: easy, simple
die Bequemlichkeit: comfort
die Berechnung: calculation, policy
bereiten: to present
in sich bergen: to involve
die Berieselungsanlage: irrigation
system
beruhen auf: to be founded on, based
on
sich beruhigen: to calm down
die Beruhigung: reassurance
berühmt: famous
beschaffen: to procure, get
sich beschäftigen: to busy oneself,
take notice of
Bescheid wissen: to know about,
know what is up, what's what
bescheiden: modest

beschirmen: to screen

beschlagen—schlecht beschlagen: badly informed

den Beschluß fassen: to take the decision

beschmutzen: to foul

beschuldigen: to accuse, charge

die Beschwerde: complaint, grievance

beseitigen: to remove, eliminate

der Besenstiel: broomstick

die Besichtigung: visit, inspection

besiegen: to overcome, conquer

besoffen: drunk

besorgt: worried, concerned

bestätigen: to confirm

bestechen: to bribe

bestehen auf: to insist on
  bestehen aus/in: to consist of/in

bestellen: to summon, order

jdn zum besten haben: to pull s.o.'s leg

bestimmen: to determine

bestreiten: to challenge

die Bestürzung: dismay

beten: to pray

die Betonung: accent

betreffend: concerning

betreffs: regarding

betreiben: to carry on, pursue

betreut: in the care of

der Betrug: fraud

betrügen: to cheat

der Bettler: beggar

das Bettzeug: bedclothes

beunruhigen: to disturb, worry

beurteilen: to judge

das Beutelchen: purse

die Bevölkerung: population

sich bewähren: to achieve success, stand the test

die Bewässerungsanlage: irrigation system

bewegen: to induce, persuade
  sich bewegen: to move

der Beweggrund: inducement, motive, incentive

die Bewegung: motion, movement, agitation

der Beweis: evidence, proof

beweisen: to prove, demonstrate

der Beweisstein: touch-stone

bewenden—es dabei bewenden lassen: to leave it at that

bewilligen: to grant, vote

bewohnbar: inhabitable

bewunderungswürdig: admirable

sich bewußt sein: to be conscious

bezaubern: to bewitch, lay a spell on

bezeugen: to profess, testify, assure

in Bezug auf: as regards

der Bibelzertrümmerer: wrecker of the Bible

das Bibelzitat: quotation from the Bible, Biblical texts

sich bilden: to form

bimmeln: to tinkle

bisherig: hitherto existing

die Blache: blanket

die Blamage: scandal, disgrace

blaß: pale

blättern: to turn the pages

bleich: pale

blühend: flourishing

das Bodenaufwischen: washing the floor, mopping

einen Bogen um jdn machen: to keep clear of s.o., avoid

böse: wicked

der Bratfisch: fried fish

die Brautwäsche: trousseau

brav: worthy

der Brillenmacher: spectacle maker

der Brocken: piece, bit
  der harte Brocken: tough nut

der Brotkipf: bread roll, loaf

brotlos: unprofitable

brüllen: to shout

die Brüstung: balustrade

das Buckeln: bowing and scraping

sich bücken: to bend down, stoop
die Bühne: stage
das Bündnis: alliance
das Busentuch: scarf for the neck, neckerchief

der Campagnabauer: peasant from the Campagna region

dabei sein: to be at it
  ich bin dabei: I'm just doing it
unter Dach: safe, in the bag
die Dame: queen (chess)
darob (=darüber): about it
darstellen: to represent
die Dauer: duration
  auf die Dauer: in the long run
die Demut: humility
derlei: suchlike
im Dienst: in service
die Dienstmagd: serving-maid
diesbezüglich: in this connection
der Doktorgrad: doctorate, Doctor of Philosophy
die Drangsale (pl.): hardships
draufgehen: to die, go under
draufstehen: to be written on it
drehen: to revolve, turn
die Drehung: rotation, revolution
das Dreieck: triangle
dreist: bold, cheeky
dringen: to penetrate
dringend: urgent(ly)
drinstehen—Na, was kann schon viel drinstehen!: Well, there can't be much in them!
drohen: to threaten
dröhnen: to toll
der Druck: pressure
drucken: to print
dulden: to tolerate
dumpf: dull, deep, hollow(ly), muffled
der Dunst: mist, vapour, haze
durcheinanderbringen: to confuse, upset
durchfliegen: to skim through

die Durchreise—auf der Durchreise: passing through
durchsetzen: to succeed
  sich durchsetzen: to prevail
durchstehen: to stand, endure

die Ebbe und Flut: tides
das Ebenbild: image
ebensogut: just as well
echt: true, real, genuine
edel: true
die Ehe: marriage
  eine Ehe schließen: to make/ solemnize a marriage
ehelichen: to marry
eher: if anything, rather
am ehesten: first
die Ehre: honour
ehrerbietig: respectfully
der Eid: oath
einen Eiertanz aufführen: to beat about the bush
eifersüchtig: jealous
eifrig: eager(ly), enthusiastic(ly)
die Eigenschaft: property
eilen: to hurry
einbüßen: to forfeit, lose
eindringen: to probe, penetrate
das Einerlei: humdrum things
jdm einfallen: to occur to s.o.
einfangen: to catch
eingebildet: imaginary
eingestehen: to admit
eingewurzelt: deeply rooted, ingrained
an jdm einhalten: to hold on, cling to s.o.
einholen: to ask for, obtain
einig: agreed
einkapseln: to embed, shut in, enclose
einkassieren: to collect
der Einklang: unison, accord, harmony
sich einmischen: to meddle with
einpauken: to drum in

einrenken: to set right
die Einschätzung: estimation
einschließen: to include, enclose
einschüchtern: to daunt, intimidate
einsehen: to realize
die Einsicht: insight
einsperren: to imprison, shut in
einst: one day, once upon a time
einstellen: to adjust, focus
einträglich: profitable, lucrative
eintreten: to fall, ensue, take place
    eintreten in: to embark upon
jdm etw. eintrichtern: to drum,
    hammer s.th. into s.o.
einverstanden sein: to agree,
    acquiesce
einwenden: to object
die Einzelheit: detail
einziehen: to move in
einzigartig: unique
in Eisen: in armour
der Eisengießer: iron-founder
die Eisengießerei: iron foundry
die Eisscheibe: sheet of ice
eitel: vain, insubstantial
das Elend: misery
die Elle: ell, yard
der Empfang: reception
empfangen: to receive, get
empfehlen: to recommend
    empfehlen Sie uns: give our
    regards to
das Emporsteigen: rising up
entfalten: to develop
entfärbt: bleached, faded
entfernen: to remove
entfernt: distant
jdm etw. entgegen bringen: to have
    s.th. for s.o.
entgegennehmen: to take, accept
entgegensehen: to look forward to,
    expect
entgegensetzen: to oppose
enthüllen: to reveal
entlassen: to release

entsagen: to abandon, give up
entscheiden: to decide
der Entschluß: determination
sich entschuldigen: to apologize,
    make excuses
der Entsetzensschrei: cry of horror
entsetzlich: dreadful, horrible
sich entsinnen: to remember,
    recollect
entsprechen: to correspond to, be
    commensurate with
entstehen: to arise
die Enttäuschung: disappointment
entwerfen: to design
entwickeln: to produce, develop
sich entziehen: to shun
entzücken: to delight, enchant
entzweigehen: to break
die Epheser: the Ephesians
erbärmlich: miserable
erblicken: to catch sight of
der Erddurchmesser: diameter of the
    earth
das Erdenglück: earthly happiness
das Erdreich: earth, soil
erfahren: to experience, meet with,
    learn
erfinderisch: inventive, ingenious
erfolgen: to take place
erforschen: to explore, investigate
erfreulich: welcome, gratifying
erfrieren: to freeze to death, be killed
    by frost
die Ergebenheit: submission, loyalty
das Ergebnis: result
sich ergießen: to be shed, flood, pour
erhaben: exalted, elevated, raised
erheben: to elate, cheer
die Erhebung: elevation
erheischen: to demand, require, call
    for
erhellen: to illuminate
erheucheln: to feign, sham
die Erkältungswelle: epidemic of
    colds

sich erkundigen: to enquire
erlaucht: illustrious
erläutern: to explain
erleichtern: to ease, facilitate
erleiden: to sustain, suffer
erleuchten: to illuminate, enlighten
erliegen: to succumb
ermahnen: to exhort
ermutigen: to encourage
sich erregen: to get excited
die Errungenschaft: achievement
ersaufen: to drown
die Erscheinung: phenomenon
erschöpft: exhausted
erschrecken: to start, take fright, be
    alarmed
erschröcklich (= schrecklich): terrible
erschüttern: to shake, shock
ersetzen: to substitute, replace
erstarrt: stiff, rigid
erstickt: strangled, choking
ersuchen: to beg, beseech
erwägen: to consider
erwähnen: to mention
erwecken: to arouse, evoke
erwerben: to gain, earn
erwischen: to catch
der Erzbischof: archbishop
der Erzieher: tutor
das Ewige: the divine, Eternal
der Extrabüschel: extra bundle, wisp

das Fach: subject, specialism
der Faden: thread
fähig: capable
fahren lassen: to abandon
in großer Fahrt: at great speed,
    headlong
der Fall: case
die Falle: trap, snare
das Fallgesetz: law of falling bodies,
    law of gravitation
falsch auffassen: to misunderstand
famos: splendid

die Fastnacht: carnival
der Fastnachtsumzug: carnival pro-
    cession
fehlen—es fehlt mir an etw.: I lack
    s.th.
feig: cowardly
der Feigenbaum: fig tree
der Feigenklotz: block of wood from
    a fig tree
das Feld: square (chess)
das Fernrohr: telescope
fertigbringen: to manage
fertig schreiben: to finish writing
feststellen: to discover, find
der Feuerfall: falling flames
die Figur: piece (chess)
Figur machen: to cut a figure, show
    one's presence
der Filz: miser
die Finsternis: obscurity, darkness
der Fischschwanz: fishtail
das Fischweib: fishwife
die Fläche: area, surface
der Fleck: spot
die Fleischbank: slaughter house,
    shambles
die Fleischtöpfe: flesh-pots
die Fliege: fly
flößen: to float
der Fluch: curse, anathema
flüchten: to flee, retreat
der Flüchtling: refugee
der Flur: entrance hall, passage
flüstern: to whisper
die Folge: result, consequence
folgendermaßen: like this
die Folgerung: conclusion
folglich: consequently, therefore
das Folterinstrument: instrument of
    torture
förderlich: helpful, useful
fördern: to encourage, demand
forschen: to research
der Forscher: scholar
die Forschertätigkeit: research

die Forschung: research, investigation

fortan: henceforth

sich fortbewegen: to move away

fortführen: to continue

das Fortschreiten: advance, onward movement

der Fortschritt: progress

die Fortsetzung: continuation

der Frachter: freighter, cargo ship

das Frauenzimmer: woman

freischweben: to float freely

der Fremdkörper: foreign body

der Fresser: glutton, guzzler

der Friseur: hairdresser

fröhlich: merry, jovial, in a good temper

die Frühe: early morning

das Frühjahr: spring

die Frühmette: matins

die Frühmetteglocke: bell for early mass, matins

das Frühstück—aus Ihrem Frühstück wird nichts: you are not going to get any breakfast

furchtlos: fearless, regardless

der Fürst: prince

der Fuß—auf großem Fuße leben: to live in great style, in a big way

auf Fußspitzen: on tiptoe

gaffen: to gape

gähnen: to yawn

der Gang: course, progress

    etw. in Gang halten: to keep s.th. going

die Gans: goose

ganz und gar: altogether, utterly

der Gaul: horse

gebären: to bear

die Gebeine: bones

das Gebet: prayer

das Gebot: commandment

der Gebrauch: use

die Geburtsstunde: hour of one's birth

das Gedächtnis: memory

gedämpft: in an undertone

sich gedulden: to be patient, wait

geehrt: esteemed

die Gefahr: danger

    auf eigene Gefahr: at one's own risk

    in Gefahr schweben: to be in danger

der Gefallen: favour

gefallen: to please

    sich etw. gefallen lassen: to put up with s.th., stand

gefälligst: please

der Gefangene: prisoner

das Gefäß: container, receptacle

gefeiert: celebrated

der Gegenstand: thing, object, subject

die Gegenwart: presence

gegenwärtig: present, contemporary

das Gehalt: salary

geharnischt: sharp

geheimhalten: to withhold, keep secret

das Geheimnis: secret

auf sein Geheiß: at his behest

das Gehirn: brain

gehören—es gehört sich: it is right, proper

der Gehorsam: obedience

der Geist: spirit

geistesabwesend: absentminded(ly)

geistlich: ecclesiastical

die Geistlichkeit: clergy

gekrümmt: curved

das Gelächter: laughing-stock

gelegen: convenient

    es ist mir daren gelegen: I think it right and proper

gelegentlich: at times, occasionally

der Gelehrte: scholar, man of learning

geleiten: to lead

gelitten: deteriorated, got worse

das Gelöbnis: vow

gelten: to prevail, be worth, count for, be held

   das gilt hier nicht: that's no good here

das Gemach: apartment

gemäß: in accordance with

gemein: common

das Genick: neck

das Genießen: enjoyment

die Genugtuung: satisfaction

der Genuß: enjoyment, delight, pleasure

der Gepeinigte: tormented/tortured man

die Gepflogenheit: custom

gepriesen—preisen: to praise

geradezu: downright, almost

die Geräumigkeit: space

der Gerichtsvollzieher: bailiff

kein Geringerer: no less (a person)

das Gerücht: rumour

gerupft: plucked

gesamt: whole, entire

der Gesandte: ambassador

das Geschaffene: work, handiwork

Geschäft machen: to do a deal

der Geschäftszweig: branch of business

geschickt: skilful(ly)

geschlagen: defeated

das Geschlecht: generation, race, family

geschlechtlich: sexual

geschlechtslos: sexless

das Geschlurfe: shuffling

der Geschmack: taste

geschmissen: thrown

das Geschöpf: creature, creation

die Geschwindigkeit: velocity

das Geschwür: boil, abscess

der Geselle: journeyman

die Gesellschaft: society

das Gesetz: law

der Gesichtspunkt: point of view

gestatten: to permit

das Gestell: stand

das Gestirn: star, constellation

das Gesträuch: shrubs, bushes

die Gewalt: power, force

gewaltig: tremendous

gewaltsam: forcibly

gewalttätig: violent, brutal

das Gewand: habit

das Gewässer: waters

die Gewerbeschule: trade school, technical school

der Gewinn: profit, increase

die Gewohnheit: habit

gewohnt: accustomed

das Gewölbe: dome, vault

gierig: greedy

die Gilde: guild, corporation

der Gipfel: peak

der Glanz: brilliance

der Glasschneider: glasscutter

gläubig: believing, pious

die Gläubigkeit: faith

gleich: equal(ly)

   gleich sehen—Wie ihnen das gleich sieht: How like them that is!

gleichen: to resemble

das Gleichgewicht: balance

gleichgültig: of no consequence

gleichmäßig: equal

gleichsetzen: to equate

das Glied: limb

das Glockenläuten: bell-ringing

das Glockenseil: bell-rope

die Gloriole: halo

glotzen: to gape, stare, peer

die Glückseligkeit: bliss

glühend: glowing, hot

die Gnade: mercy

goldbestickt: gold-embroidered

die Gosse: gutter

der Gottesdienst: liturgy, divine service

der Gottesknecht: servant of God

die Gottheit: deity

göttlich: divine

grassierend: prevalent, epidemic
greifen nach: to reach out for
die Grenze: limit, frontier
die Grenzwache: frontier post
der Grenzwächter: border guard
die Grille: cricket
grimm: furious
grob: brusquely, bluntly
der Großherzog: grand duke
der Großteil: majority
der Grundbesitzer: landlord
der Grundriß: ground plan
der Grundsatz: principle
der Gruß: greeting
   der englische Gruß (Engelsgruß):
     Ave Maria
die Gunst: favour
das Gut: property, estate, farm
mein Guter: my good man, my friend
gutheißen: to approve
gütig: kind
die Gutsherrin: lady of the manor,
   squire's wife

die Habgier: greed
der Halbkreis: halfcircle
die Halbkugel: hemisphere
halblaut: in a low voice
halbwegs: tolerably, middling
der Halt: support
halten: to support
sich besser halten: to do/last better
dafür halten: to maintain
die Haltung: position, attitude
der Handel: trade
handeln: to deal
   sich handeln um: to be a matter of
   es handelt sich: it concerns
der Hang: slope
der Hauch: breath
häufig: frequently
das Häuflein: little band, small unit
die Hauptursache: chief cause
der Hausboden: attic
die Hausgefährtin: companion
die Haut: skin

der Hebel: lever
heben: to raise
heftig: hard, furious(ly)
heiligen: to bless, hallow
die Heiligkeit: saintliness, sanctity
heiser: hoarse(ly)
der Held: hero
das Hemdelein: gown
hemmungslos: uncontrolled
herabstoßen: to drop down, befall
herausbringen: to find out
herausreißen: to extract
sich herausstellen: to turn out
herausstrecken: to stick out
die Herdplatte: hearthstone
jdn hereinlegen: to deceive s.o.
herfürtreten (= hervortreten):
   to emerge
herhören: to pay attention
der Herr: lord
die Herrin: mistress
der Herrscher: ruler
das Herrscherhaus: ruling house
herstellen: to make, manufacture
herumbrüllen: to roar around
herumplappern: to chatter about s.th.
herumschleppen: to drag, lug around
herumsein: to be over/done with
herumstolpern: to blunder about
herunterpurzeln: to tumble down
hervorragend: prominent
hervorrufen: to produce, create
von heute auf morgen: overnight
die Hexe: witch
hie (= hier): here
hierzulande: in these parts
der Himmelskörper: heavenly/celes-
   tial body
um des Himmels willen: for Heaven's
   sake
hinaufschleppen: to drag/haul up
hinausleiten: to show out
das Hindernis: obstacle
in jdn hineinreden: to keep talking to
   s.o.
hineinschreien: to shout, bawl into

hineinstopfen: to cram in, stuff
hinführen: to take
hinsichtlich: with regard to
hinstellen: to set down, serve
hinstrecken: to reach out
der Hintere/Hintern: backside, bottom, hindmost (person)
   in den Hintern treten: to kick up the backside
der Hinweis: hint
hochgewachsen: tall
sich hochheben: to raise oneself
der Hocker: stool
die Hofdame: lady-in-waiting
der Hofmarschall: chamberlain
der Hofphysiker: court physicist
die Hoheit: Highness
die Holzschiene: wooden track
horchen: to listen
der Hörer: student (at lectures)
die Hose: hose, breeches, trousers
hüllen: to wrap
die Hülse: casing, outer case
hüten: to guard

immerfort: still
imstande sein: to be capable of, be able
das Indiemesselaufen: going to mass
insgeheim: secretly
die Instanz: court of appeal
irdisch: earthly
irren: to err, be wrong

das Jahrzehnt: decade
jämmerlich: miserable
jammern: to lament
der Jubelschrei: shout of joy, triumph
jüngst: recently
der Jupitertrabant: satellite/moon of Jupiter

die Kalesche: carriage
die Kanzel: pulpit
karmesinrot: crimson red
der Karren: cart

die Käsespeise: meal of cheese
der/das Katheder: lectern
kehren um: to turn around, circle
keltern: to tread/press (grapes)
der Kenner: specialist, expert
die Kenntnis: knowledge, notice, consideration
der Kerker: prison, dungeon
eine Kerze spenden: to light a candle (in church)
keß: jaunty
der Ketzer: heretic
kichern: to giggle
der Kirchenstuhl: pew
die Kirchturmspitze: church spire
die Klafter: cord (measure of wood), fathom
klappern: to rattle
der Kleingläubige: man of little faith
klingen: to sound
die Kluft: gulf
der Klumpen: mass, group
der Knecht: servant, labourer
knicksen: to curtsey
der Knochen: bone
knüpfen: to connect, attach
der Kometenschweif: tail of a comet
zu sich kommen: to revive, regain consciousness
Komödie spielen: to clown, play-act
die Konkurrenz: competition
konstatieren: to confirm
köpfen: to execute, kill
die Kopfnuß: blow to the head
der Korbmacherladen: basket-maker's shop
körperlich: physical
köstlich: delightful(ly)
der Kot: mud
krachend: crashing
die Kraft: strength
   über seine Kräfte gehen: to be beyond s.o.
die Kraftprobe: trial of strength
der Kram—es paßt in seinen Kram: it suits his purpose

krampfhaft: with a strenuous effort
die Krätze: itch
der Kreis—einen Kreis beschreiben: to describe a circle
kreisen: to orbit, circle
der Kreislauf: round, rotation
das Kreuz: cross, lot, trouble
kriechen: to crawl
der Kringel: twisted bun, cake
kritzeln: to scribble
die Krücke: crutch
der Krug: jug
der Krüppel: cripple
der Kübel: bucket
die Kugel: globe, ball
sich kugeln: to roll
kühn: daring
kümmerlich: poor, miserable
die Kunde: knowledge, news, information
künstlich: artificial
kupfern: copper
der Kürbis: pumpkin
die Kurie: Curia
die Kutsche: carriage

lächerlich: ridiculous
die Lade: chest, press, cupboard, drawer
die Lage: position
das Laster: vice
lästig: troublesome, undesirable
der Läufer: bishop (chess)
lauschen: to listen
lauten—es lautet: it runs like this
lebensgefährlich: mortal, perilous
die Lebensgeister (pl): animal spirits
die Leber: liver
der Lederfoliant: leatherbound folio
das Lederfutteral: leather case
lediglich: merely
der Lehrauftrag: professorship
die Lehre: teaching, theory, doctrine
die Lehrkraft: teacher
der Lehrling: apprentice

der Leib: body, womb
die Leiche: corpse, cadaver
leichtgläubig: credulous
es tut mir leid: I am sorry
leiden: to suffer
die Leidenschaft: passion
leisten: to accomplish, do
  sich etw. leisten: to afford
die Leistung: feat, accomplishment
leiten: to lead
lenken: to turn, draw
leuchten: to shine, emit light
lieber nicht: rather not
die Lieblingslektüre: favourite reading
liefern: to deliver
die Liegenschaft: property, estates
der Linsenschleifer: lens grinder
loben: to praise
lohnen: to reward
der Lorbeer: laurel
los—was ist los?: what is the matter?
löschen: to put out a fire
die Lösung: solution
lüften: to raise, ventilate
lügen: to lie
der Lumpen: rag
die Lust: desire, pleasure, joy
lustig: funny, amusing, jolly
lutherisch: Lutheran

der Machthaber: ruler
der Mächtige: mighty
die Machtmittel (pl): powerful resources
der Magen: stomach
Mailänder: Milanese, of Milan
das Maisfeld: field of maize
mangelhaft: imperfect, deficient
mangeln: to be lacking, deficient in
seinen Mann stellen: to contribute one's share
die Mär: tale
Maria Empfängnis: Immaculate Conception

das Maß: measure
mäßig: moderate(ly)
der Maßstab: scale
das Maul verbinden: to muzzle
der Maulesel: mule
der Maulkorb: muzzle
der Maurer: mason
sich mehren: to multiply
meinen: to believe
meinerseits: on my part
die Meinung: opinion
die Menge: crowd, masses
die Menschenansammlung: crowd
das Menschengedenken—seit Menschengedenken: from time immemorial
das Menschengeschlecht: human race
der gesunde Menschenverstand: common sense
die Menschheit: mankind
die Meß(sse): mass
die Meßbarkeit: measurability
der Meßbub(e): altar boy, server
die Messingkugel: brass ball
der Messingspiegel: brass reflector
mieten: to hire
der Mindere: lesser one
mißfallen: to dislike, be displeased with
es mißfällt mir: I dislike it
mißlich: awkward, dangerous
das Mißtrauen: distrust
der Mitarbeiter: assistant, collaborator
die Mitgift: dowry
das Mitleid: compassion
mitmachen: to join in
mitschreiben: to write down, take down
mitteilen: to inform
der Mittelpunkt: centre
mitunter: now and then
möglicherweise: possibly
die Möglichkeit: opportunity
der Mönch: monk

das Moos: moss
die Mühe: trouble
die Mühseligkeit: hardship, misery
die Münze: coin
für bare Münze nehmen: to take at face value, believe implicitly
mürrisch: grumpy, bad-tempered
die Muße: leisure
Mut fassen: to pluck up courage
die Mütze: cap

nachahmen: to mimic
der Nachbarstern: neighbouring star
das Nachdenken: thought, reflection
der Nachfolger: successor
nachgeben: to comply with, yield to
nachmachen: to imitate
der Nächstbeste: second-rank person
die Nächstenliebe: brotherly love
nachweisen: to prove, point out
an den Nagel hängen: to give up
sich nähern: to approach
nahezu: almost
der Narr: fool
der Nebel: nebula, mist, fog
nebensächlich: unimportant
jdn dran nehmen: to serve, take s.o.
neigen: to be inclined
das Netz: grid
ein Netz von Quadraten: a squared grid
immer aufs neue: again and again
neuerdings: lately, recently
der Neuerer: innovator
die Neuerung: innovation
neuerungssüchtig: novelty seeking
die Neugier: curiosity, inquisitiveness
die Neugierde: curiosity
das Nichtgegessenhaben: not having eaten
nichts—es ist nichts damit: it is worthless
nichts davon, schön: none of that, all right
nicken: to nod

niedertreten: to trample down
noch und noch: time and again
die Nonne: nun
die Notierung: observation
nötig: necessary
   nötig haben: to need
die Notwendigkeit: necessity
nunmehr: now
nütze/nützlich: useful

der Obere: superior
oberflächlich: superficially
die Obhut: protection
die Obrigkeit: authorities, powers that
   be
obszön: obscene
das Ofenscheit: log of firewood
offenbar: plainly, obviously
öffentlich: publicly
das Heilige Offizium: the Holy Office
ohnedies: as it is
die Ohnmacht: powerlessness
ohnmächtig werden: to faint
der Ölbaum: olive tree
das Ölfeld: olive grove
ordentlich: proper, neat, regular
ordinär: vulgar
ordnen: to adjust
die Ordnung—in schönster Ordnung:
   perfectly all right
der Ornat: vestment, robe
ortsansässig: local

der Pabst: pope
der Pächter: tenant farmer
der Pachtherr: landlord
der Pachtzins: rent
das Pack: that lot, rabble
die Pappendeckelkrone: cardboard
   crown
päpstlich: papal
der Peiniger: tormentor
peitschen: to whip
das Pensum: lesson, subject

der Perlmutterdunst: mother-of-pearl
   haze
der Pestfall: case of the plague
der Pestkeim: germ, seed of the
   plague
der Pestverdacht: plague suspected
der Pfad: path
der Pfaff: parson, priest
das Pfand: pledge
die Pferdezucht: horse breeding
pflegen: to be accustomed
pflügen: to plough
die Plackerei: toil, drudgery
Platz machen: to make way
pochen: to stand (by one's rights)
der Podest: platform, dais
der Priapgott: god Priapos/Priapus
die Probezeit: probationary period
der Proportionalzirkel: proportional
   or sector compass
das Protokoll: transcript
der Prozeß: trial
die Prüfung: trial, examination
prusten: to snort, puff
die Puppe: doll, dummy

das Quadrat: square
die Quelle: well, fountain

der Rand: edge
rätlich: advisable
der Ratschlag: advice
der Ratsherr: councillor, senator
rauben: to rob
der Räuber: bandit
raufen: to pull, tussle, fight
rauh: rough
der Raum: space
die Rechentafel: mathematical table
das Recht—in Ihrem Recht: within
   your rights
recht geben: to agree, concur
die Rechte: right hand

rechtzeitig: in time

die Rede—von ... die Rede sein: to talk about

reden: to speak

redlich: honest, sincere

regelmäßig: regular(ly)

sich regen: to move

das Regierungssystem: system of government

reichen: to reach, go, suffice

der Reichtum: riches, wealth

die Reihen (pl): ranks

  aus der Reihe tanzen: to play one's own game

rein: pure

  rein gar nichts: absolutely nothing, not a thing

reißen: to break, tear, sieze

reizend: charming

retten: to save

die Reue: repentance

richten: to turn, direct

die Richtung: direction

der Riese: giant

ringsum: all around

der Riß: chink, crack

der Ritt: ride

der Rock: coat, skirt

roh: rough, crude

die Roheit: brutality

das Rohr: tube, pipe

das Roß: horse

ruckartig: jerkily

der Rücken: back

der Rückfall: relapse

der Rückschlag: reverse, set-back

rückschrittlich: reactionary

die Rücksichtslosigkeit: lack of consideration

rückständig: outstanding, overdue

der Ruf: fame, reputation

ruhen: to rest, be at rest, static

ruhig (adv): just simply

der Ruhm: glory, fame

das Ruhmesblatt: page of fame

in eigener Sache: of my own concerns

die Sackleinwand: sacking

Salomo: Solomon

der Salto mortale: daredevil somersault

sammeln: to collect

das Samtkissen: velvet cushion

sämtlich: all, every

das Sandkorn: grain of sand

fein säuberlich: very neat and proper

der Säugling: baby

Schach spielen: to play chess

schachern: to haggle

schade—es ist schade: it is a pity

der Schaden: damage, injury

das Schaff: tub

schaffen: to create, succeed, manage

  schaffen auf: to take to

die Schale: shell, globe, pan (of scales)

schallend: resounding(ly), loudly

das Schamgefühl: sense of shame, modesty

schandbar: abominable

die Scharlachene: scarlet woman

der Schatten: shadow

schätzen: to value, esteem

das Schaustellerpaar: pair of strolling players

das Scheit: log of wood

der Scheiterhaufen: stake

scheitern: to fail

der Schemel: stool

der Schenkel: thigh

der Scherz: joke

  einen Scherz treiben mit: to make fun of

scheu: timid, frightened

scheußlich: horrible

schief: crooked

der Schiefenwinkel: oblique angle

die Schiffahrt: shipping, navigation

das Schiffsseil: ship's rope

das Schild: signboard

schildern: to describe
schimpflich: disgraceful, scandalous
die Schindel: shingle
der Schinken: ham, buttock
der Schirm: screen
der Schlachterhund: butcher's dog
der Schlachtruf: battle cry
der Schlagbaum: barrier
die Schlägerei: row
schlau: crafty, shrewd
mir ist schlecht: I feel sick
schleifen: to drag, grind, sharpen
die Schleimkugel: mucous globule
schlendern: to saunter
schleppen: to drag, lug
schleudern: to toss
nichts Schlimmes: nothing serious
schluchzen: to sob
der Schluß: end, conclusion
die Schlußbemerkung: final observation
der Schmaus: feast, banquet
schmecken: to taste good
die Schmelzanlage: smelting works
der Schmerz: pain
schmücken: to adorn
schnappen: to snatch
der Schneckenfresser: snail eater
das Schneckentempo: snail's pace
sich schneiden: to intersect, meet
die Schnelligkeit: speed
der Schnickschnack: nonsense,
  twaddle, rubbish
der Schnitzer: blunder
schnurgerade: straight as a die
der Schönheitssinn: sense of beauty,
  aesthetic sense
schöpfen: to draw, gather
der Schöpfer: creator
die Schöpfung: creation, universe
der Schoß: bosom, lap
der Schreck: fright
der Schreiber: clerk, secretary
auf und ab schreiten: to pace up and
  down

die Schrift: the Scriptures, Holy Writ
das Schriftzeichen: letter, character
der Schritt: step, tread
die Schuld: debt, guilt
schulden: to owe
schuldig: due
  schuldig sein: to owe
die Schulmeinung: scholasticism
schultern: to shoulder
die Schulterspange: shoulder-clasp,
  buckle
der Schund: junk, trash
die Schüssel: dish
der Schusser: marble
schütteln: to shake
schützen: to protect
die Schwäche: weakness
schwanken: to sway
schwärzen: to blacken
der Schwarzrock: blackcoat, priest
schwatzen: to chatter, prattle
schweben: to float, glide, hover
das Schweigen: silence
der Schweiß: sweat
schweißtriefend: dripping with sweat
die Schwere: weight
die Schwierigkeit: difficulty
das Schwimmen: floating
der Schwindel: giddiness, dizziness,
  swindle, cheat
schwindeln: to feel giddy
  mir schwindelt: I feel giddy
die Seele: soul
der Seelenfrieden: peace of mind
die Seelengüte: goodness of soul
seelisch: spiritual
sich sehnen: to yearn
sehnsüchtig: longing
das Seil: rope
der Seiler: rope maker
seinerzeit: at that time
seitwärts: to one side
selber—von selber: of its own accord
selbstisch: selfish
selbstsüchtig: self-seeking, selfish

selig: blissfully happy
die Seligkeit: salvation
die Senkgrube: cess-pit
die Seuche: pestilence, epidemic
seufzen: to groan, sigh
die Sichel: crescent
der Sichelrand: edge of the crescent
sichern: to secure, assure, guarantee
sichtbar: visibly
siebengescheit: omniscient
der Siebenmeilenstiefel: seven-league boot
der Sieg: triumph, victory
siegen: to win, triumph
die Silberpappel: white poplar
der Sinn: sense, meaning
sinnlich: sensual
die Sinnlichkeit: sensuality, physical nature
sintemalen: since
die Sitzung: sitting, session
sizilisch: Sicilian
die Skizze: sketch
so wohin: to such a place
die Sonnenbahn: sun's orbit
das Sonnenbild: image of the sun
der Sonnendunst: sun's vapour
der Sonnenfleck: sun-spot
das Sonnenjahr: solar year
die Sonnenuhr: sundial
die Sonnen- und Mondfinsternis: eclipse of the sun and moon
sonst setzt's was: otherwise you'll catch it, there'll be trouble
sonstig: any other
keine Sorge: don't worry
sorgen: to see to, look after
sorgen für: to provide s.th.
sorgfältig: careful(ly)
die Soutane: cassock
sowieso: anyhow, in any case
spähen: to peer
spaßhaft: droll, amusing
das Speichellecken: servility, obsequious flattery

das Spiel: play
aufs Spiel setzen: to risk
etw. aus dem Spiel lassen: to leave s.th. out of this
das Spielzeug: toy
der Spieß: lance, pike
der Spinnrocken: distaff
der Spion: spy-hole
der Spötter: mocker, blasphemer
der Spruch: verdict, saying
Sprüche Salomonis: Book of Proverbs
der Sprung: dash, dashing trick
der Stadtschöffe: alderman, juryman
stammen von: to spring from, come from
die Standhaftigkeit: steadfastness, firmness
ständig: invariably
die Stange: pole
die Stärke: strength
der Staub: dust
steil: steep
der Steinbock: Capricorn
der Steinklumpen: lump of rock
von der Stelle kommen: to make progress, get on
die Stellung: position, post, job
die Stellungnahme: attitude
der Stellvertreter: representative
stemmen: to plant, steady
der Sterbliche: mortal
das Sternbild: constellation
der Sternenreichtum: profusion of stars
die Sternkarte: star chart
der Sternschatten: star shadow
der Sternschwarm: swarm of stars
die Sterntafel: astronomical table, chart of the stars
die Stetigkeit: continuity
die Steuerzahlung: payment of taxes
im Stich lassen: to abandon
jdm den größten Stiefel bezahlen: to pay the highest rewards

der Stier: Taurus (the Bull)

das Stift: convent

stimmen—es stimmt: it is correct, right, true

der Stockfisch: blockhead

stolpern: to stumble

stopfen: to stuff

stoßen: to poke, thrust, push
    stoßen auf: to encounter
    mit dem Fuß nach etw. stoßen: to kick at s.th.

der Strahl: ray (of light)

strahlen: to beam, radiate, shine

die Strecke: distance, line

streichen: to cross out, cancel

streiten: to dispute

der Strick: rope
    jdm einen Strick drehen: to catch s.o. out, trap s.o.

die Strophe: verse

strotzen: to overflow, burst, teem

das Stückwerk: imperfect, patched up work

der Heilige Stuhl: Papal Throne

der Stuhl Petri: St Peter's throne

stund (= stand): stood

die Stütze: post, support, framework, prop

sich stützen auf: to rely on, rest on

die Sucherei: searching

summen: to hum

die Sünde: sin

das Tagebuch: diary

das Tagesgespräch: event, topic of conversation

tagtäglich: daily

die Tapferkeit: courage

tätig: active, working

die Tatsache: fact

tatsächlich: really, truly

die Taube: dove, pigeon

der Taubenschlag: dovecote
    wie in einem Taubenschlag: like a market place

taufen: to christen

sich täuschen: to be mistaken

der Teigwarenverkäufer: spaghetti/ pasta salesman

der Teil: part

der Teint: complexion

das Teufelsrohr: devil's tube

das Teufelszeug: devil's stuff, work

die Thronbesteigung: accession, enthronement

der Thymian: thyme

die Todesfurcht: fear of death

toll: mad

die Torheit: folly, foolishness

töricht: foolish

tot: dead

trachten: to endeavour

der Träger: carrier, support

der Traktat: treatise

die Traube: grape

trauen: to trust

treiben: to drive

die Trommel: drum

der Trommelschlag: drum beat

nicht bei Trost sein: to be not right in the head

die Tröstung: consolation

trüb: dim, clouded, murky

der Tuchweber: cloth-weaver

die Tugend: virtue

vor der Tür stehen: to be impending

der Türhüter: doorkeeper

der Turm: castle, rook (chess)

üben: to practise

die Übereinstimmung: agreement

überflüssig: superfluous

überglücklich: overjoyed

überlaufen: to go over to the enemy, be a renegade

überliefern: to surrender, deliver

übermenschlich: superhuman

der Übermut: high spirits, arrogance

überprüfen: to examine, re-examine

überqueren: to cross

überreichen: to present
überschreiten: to cross
überschütten: to overwhelm, heap upon
übersichtlich: clear, distinct
überstehen: to get over
übertragen auf: to transmit, infect with
übertrieben: exaggerated
überwachen: to watch over, supervise
sich überzeugen: to convince oneself
üblich: usual, customary
um sein: to be over
sich umarmen: to embrace
umbringen: to kill, murder
der Umfang: extent, degree
die Umgangssprache: everyday speech, vernacular
umgekehrt: on the contrary, reversed, opposite
sich umkehren: to turn round
die Umlaufszeit: period of rotation
der Umstand: circumstance
umwälzend: revolutionary
sich umwenden: to turn round
unaufhörlich: ceaselessly
unbeholfen: awkward, clumsy
unbelesen: illiterate
unberechenbar: incalculable
der Unberufene: intrusive, officious person
unbeweglich: motionless, immovable
uneingeschüchtert: undaunted
das Unendliche: infinity
unerbittlich: unrelenting
unermeßlich: immeasurable
unerschütterlich: unshakeable, unassailable
unerträglich: unbearable
ungebildet: uneducated
ungelehrt: ignorant, illiterate
ungerecht: unjust
der Unglaube: disbelief, incredulity
unheilig: profane, unholy
unheimlich: sinister

die Unkenntlichkeit: unrecognizable condition
unlustig: reluctant, unenthusiastic(ly)
die Unmenge: enormous number, host, lots
unnachahmbar: inimitable
die Unordnung: disorder, confusion, disarray
die Unruhe: unrest
unsachlich: irrelevant, pointless
unschlüssig: undecided, uncertain, in two minds
die Unschuld: innocence
unselbständig: dependent
unsterblich: immortal
unterbreiten: to submit, lay before
unterdrücken: to oppress
untergraben: to undermine
die Unterredung: interview, conversation
unterrichten: to inform, teach
der Unterschied: difference
die Untersuchungskommission: commission of investigation
der Untertan: subject
unterwerfen: to subject, submit
unterwürfig: servile
unüberwindlich: insuperable
unumstößlich: irrefutable
die Unveränderlichkeit: stability, immutability
unvergänglich: immortal
unverletzlich: invulnerable
unverschämt: impertinent, impudent
unvorstellbar: unimaginable
unwiderleglich: irrefutably
unwiderstehlich: irresistible
die Unwissenheit: ignorance
die Unze: ounce
unzerstörbar: indestructible
unzulänglich: insufficient
die Ursache: cause, reason
der Ursprung: origin
das Urteil: judgment

Venedig: Venice
verabreden: to arrange
verachten: to despise
veraltet: out of date
veranlassen: to induce
die Verantwortung: responsibility
sich verbeißen in: to stick obstinately
    to
verbergen: to hide, lay up
sich verbeugen: to bow
sich etw. verbieten lassen: to allow
    the suppression of s.th.
verbilligen: to make cheaper
die Verblendung: delusion
der Verbrannte: man who was burnt
    (at the stake)
verbraucht: worn out
das Verbrechen: crime
verbreiten: to spread, disseminate
Verbreitung finden: to be spread
der Verdacht: suspicion
verdecken: to hide, mask
verderben: to spoil
das Verderben: doom, ruin
verdichten: to condense, solidify
der Verdienst: merit, credit, reward,
    profit
verdorren: to dry up, wither
der Verdruß: bother, trouble
verfassen: to compose, write
der Verfasser: author
die Verfassung: state, plight
verfaulen: to rot
verfolgen: to follow, pursue, perse-
    cute
*die Verfügung—zur Verfügung
    stehen:* to be at disposal
    etw. zur Verfügung stellen: to
    place s.th. at s.o.'s disposal
die Verführung: temptation
das Vergängliche: temporal
die Vergänglichkeit: transitoriness
vergehen: to pass away, die
vergleichen: to compare
sich vergnügen: to enjoy oneself

vergüten: to reimburse, compensate
verhalten: to restrain, control
verhältnismäßig: proportionately
die Verherrlichung: glorification
verhetzen: to incite
verhexen: to bewitch
das Verhör: cross-examination
verkaufbar: saleable
verkünden: to proclaim
verlangen: to ask, require, demand
sich verlassen auf: to rely on
verlegen: to mislay (vb), embarrassed
    (adj.)
verleihen: to bestow, confer on
verlesen: to read out
verletzen: to injure, wound
die Verleumdung: slander
sich verloben: to become engaged
vermittels: by means of
vermögen: to be able to
vermummen: to mask
vermutlich: probably, I suppose so
verneinen: to negate, deny
vernichten: to destroy
die Vernunft: reason, understanding,
    judgment
veröffentlichen: to publish
verpflichtet: obliged
verrammeln: to barricade
verraten: to betray
versagen: to fail
versäumen: to omit, fail to
verschaffen: to procure, provide
verschissen: faded
verschoben: disarranged
sich verschreiben: to subscribe to, sell
    oneself to
verschwindend: imperceptible, infini-
    tesimal(ly)
versetzen: to shift, remove
verseuchen: to infect
versperrt: barred
verspotten: to mock
versprechen: to promise
verspüren: to feel

der Verstand: understanding, sense
verständigen: to inform
die Verständigkeit: intelligibility, clarity
verstecken: to conceal
sich verstehen auf: to be a judge of, skilled in
verstohlen: furtive(ly), surreptitious(ly)
verstören: to upset
verstört: bewildered, distracted
verstreichen: to slip by
der Versuch: attempt
versucht: tempted
verteidigen: to defend
verteilen: to hand out, dole out
sich vertiefen: to be engrossed
vertiert: brutish
vertragen: to stand
das Vertrauen: faith, trust, confidence
vertreiben: to dispense
vertreten: to represent
verurteilen: to condemn
der Verwalter: manager, steward
verwandeln: to change, transform
sich verweigern: to deny oneself to, refuse to help
verweint: tear-stained
verweisen auf etw.: to refer to s.th.
verwickeln: to involve, complicate
verwirrt: distracted
verwischen: to blur, blot out
verwünschen: to abhor
verzehren: to consume
verzichten auf: to dispense with
verzweifelt: in despair
volkstümlich: popular
vollends: completely
vollführen: to execute, complete
voraussagen: to predict, prophesy
voraus sein: to be ahead of
Vorbereitungen treffen: to make preparations
vorbringen: to utter

der Vordere: foremost (person)
vorfallen: to occur, happen
vorführen: to demonstrate
der Vorgang: event, happening
vorgehen: to proceed
der Vorgeschmack: foretaste
vorgeworfen—vorwerfen: to reproach
der Vorhang: curtain
vorig: previous, foregoing
vorlassen: to admit
vorliegen: to be discussed, considered
vornehm: noble
der Vorrat: store, supply
der Vorsatz: purpose, intention
vorschlagen: to suggest
die Vorschrift: regulation
vorstellen: to introduce, present
sich vorstellen: to imagine
die Vorstellung: conception
der Vorteil: advantage, benefit
vortrefflich: excellent
vorüberziehen: to pass
das Vorurteil: prejudice
der Vorwand: excuse, pretext
vorwerfen: to accuse
sich Vorwürfe machen: to reproach oneself
vorzeigen: to produce
vorziehen: to prefer

die Waage: scales
die Wachtel: quail
das Wägelchen: little cart
wagen: to dare
der Grosse Wagen: Charles's Wain (7 bright stars in the Great Bear)
wahnsinnig: mad
währen: to last, continue
wahrhaftig: true, truly
wahrnehmen: to observe, perceive
der Wandelstern: planet
wanken: to totter, waver
der Waschschüsselständer: washstand

der Wasserkopf: blockhead
das Weberschifflein: weaver's shuttle
der Webstuhl: loom
der Wecken: bread roll
wegdrehen: to avert
sich weghalten: to keep away
weglaufend: receding, moving away
wegräumen: to put away, clear away
wegschmeißen: to throw away
der Wegweiser: signpost
der Wegzoll: toll (money)
sich wehren: to prevent oneself
sich weigern: to refuse
der Weinberg: vineyard
das Weinfaß: wine barrel, cask
die Weinschänke: wine shop, tavern
der Weinschlauch: wine-bibber
der Weise: wise man
die Weise: manner
   die ehrendste Weise: the most complimentary manner
weiterfördern: to advance
weitersagen: to repeat
das Weizenfeld: wheatfield
welken: to wither
das Weltall: universe
das Weltbild: cosmos
der Weltruf: world-wide renown
das Werde: the Creation
der Wert: worth
die Wertschätzung: esteem, regard
das Wesen: being, manner
der Widerruf: recantation
widersprechen: to contradict
der Widerstand: resistance, opposition
widerstrebend: reluctantly
die Widmung: dedication
wiedergeben: to put forward
die Wiedergesundung: recovery
Wiener: Viennese, of Vienna
wimmeln: to teem
das Windlicht: lantern, candle protected by glass globe
die Winkelsumme: sum of the angles

winzig: tiny
der Wirrkopf: scatterbrain
wißbegierig: eager/craving to learn
das Wissen: learning, knowledge
die Wissenschaft: science, learning
das Wissensgebiet: subject, field (of knowledge)
der Wissenszweig: branch of science
das Wohl: welfare, benefit
wohlauf: well
die Wohlhabenheit: prosperity
das Wohlleben: luxury, good living
die Wohltätigkeit: charity
die Wohnstätte: place of residence, home
der Wollhändler: wool merchant
die Wollust: sensual pleasure
der Wortführer: spokesman
der Wortlauf: wording
wühlen: to rummage
das Wunder: miracle
das Wunderwerk: miracle
die Würde: dignity
Wurzeln ausziehen: to extract square roots

zackig: jagged, indented
im Zaum halten: to bridle, curb, restrain
der Zeichner: draughtsman
seit geraumer Zeit: for a long time
das Zeitalter: age, era
der Zeitverlust: waste of time
zerfleischen: to tear to pieces
zerrinnen: to melt away, vanish
zerstreuen: to disperse
zerteilen: to divide, disperse, break up
zertrümmern: to smash, wreck, destroy
das Zerwürfnis: difference, dissension
der Zettel: bit of paper, note
das Zeug: stuff, things
das Zeugnis: evidence
der Ziegenkäse: goat's cheese